D1692947

Impressum:

Besuchen Sie uns im Internet:
www.papierfresserchen.de

Bearbeitung: CAT creativ - www.cat-creativ.at

im Auftrag von

© 2024 – Papierfresserchens MTM-Verlag
Mühlstraße 10 – 88085 Langenargen
info@papierfresserchen.de
Alle Rechte vorbehalten.
Erstauflage 2024

Das Werk einschließlich aller seiner Teile ist urheberrechtlich geschützt. Wir weisen darauf hin, dass das Werk einschließlich aller seiner Teile urheberrechtlich geschützt ist. Jede Verwertung ist ohne Zustimmung des Verlages unzulässig. Dies gilt insbesondere für die elektronische oder sonstige Vervielfältigung, Übersetzung, Verbreitung und öffentliche Zugänglichmachung.

Coverbild: © umnola - Adobe Stock lizenziert
Fotos + Bilder: S. 107 © azure; S. 124 © kebox; S. 185 © lublubachka – alle Adobe Stock lizenziert; alle anderen Bilder und Illustrationen im Eigentum der jeweiligen Autor*Innen.

Gedruckt in Polen / Bookpress

ISBN: 978-3-99051-203-6 - Taschenbuch
ISBN: 978-3-99051-204-3 - E-Book

Von ganz kleinen und ziemlich großen Freunden

Martina Meier (Hrsg.)

Unser Buchtipp

Udo Franke

Drei Freunde geben Vollgas

Eine fantastische Reise mit einer alten BMW

Udo Franke: Drei Freunde geben Vollgas
ISBN: 978-3-86196-631-9, Taschenbuch, 150 Seiten

Endlich Ferien! Darauf haben Tim und seine beiden Freunde Paul und Kalle schon seit Wochen sehnsüchtig gewartet. Gemeinsam möchten sie nun die erste Ferienwoche verbringen und verabreden sich schon für den nächsten Tag bei Tim zu Hause, um in der ehemaligen Werkstatt seines Großvaters abzuhängen, der als Wissenschaftler und Erfinder viel auf Reisen war. Aber damit nicht genug! Als sie durch Zufall das alte BMW Motorrad-Gespann von Tims Großvaters entdecken, das unter einem Berg von Kisten versteckt war, ahnen sie noch nicht, dass es sich dabei um ein ganz besonderes Motorrad handelt ...

Inhalt

Die Freunde vom Kiesloch	9
Zusammen	13
Was ist Freundschaft?	14
Der chinesische Kochtopf	17
Wenn Freundschaft ...	21
Brieffreundschaft	22
Freundschaft	27
Freundschaft fürs Leben	30
Vorurteile	31
Herz Sieger	35
Ein Freund	36
Mariele Marienkäfer – Ein Punkt reicht völlig	37
Mein kleiner, bester Freund	41
Das Märchen vom Löwen und der Nachtigall	43
Eine starke Freundschaft	45
Freundschaft ist nicht nur ein Substantiv	48
Fremde Freunde	51
Sprachferien in Torquay, England	55
Lucifer und Robin	59
Pferd und Frosch	62
Lila, das goldene Reh	64
Spitz auf Knopf	68
Max und Mimi: Die Geschichte einer verlorenen Freundschaft	71
Der Feind von meinem Feind ist mein Freund	74
Mondblumenmagie	76
Das Fischewettschwimmen	80
Freundinnen	82

Sehnsucht	85
Das verschwundene Kaninchen	88
Der Seeschwurf	90
Groß und Klein	95
Tom Sawyer und Huckleberry Finn	96
Die Kleebande	98
Wer hätte das gedacht?	102
Ein Berg aus Stuhl	103
Das Ende einer Freundschaft	108
Überallemaßenmehralsglücklichwohl	110
Für immer	114
Kampf um das Meeresreich	116
Es waren einmal Du und Ich	122
Glück gehabt	125
Die karierte Maus	128
Retter meiner ersten Sprache	130
Das Band der Freundschaft	134
Der Duft der Freundschaft	136
Himmelsfahrer-Freundschaft	139
Mini und Maxi	142
Heimweh nach der verlorenen Seele	145
Das Leben, die Freundschaft, du und ich …	146
Abtanzball – nicht einfach	148
An deiner Seite	149
Freunde	153
Ein Mini-Schuluhu findet ein Zuhause	154
Essen oder Freundschaft?	157
Zwei Eulen auf einem Ast	161
Charlotte und Bernie	162
Großstadtherzen	166
Der unendliche Wert von Freundschaft	170
Gegner und trotzdem beste Freunde	174
Danke an alle	176
Mein Haustier	179

Unsere Autor*Innen

Achim Stößer
Aimée Goepfert
Alexander Krystosek
Andreas Rucks
Ann-Kathleen Lyssy
Beccy Charlatan
Birgit Hedemann
Carina Georg
Catamilla Bunk
Catharina Luisa Ilg
Charlie Hagist
Christian Reinöhl
Claudia Dvoracek-Iby
Delia Speiser
Désirée Braun
Dominique Goreßen
Dörte Müller
ElviEra Kensche
Franziska Bauer
Frida
Helga Licher
Helmut Blepp
Henry Engelberg
Hermann Bauer
Ingeborg Henrichs
Jochen Stüsser-Simpson
Juli Arens
Julia Kohlbach

Julia Nachtigall
Juliane Barth
Klaus Enser-Schlag
Lea Nagel
Linda Weißgerber
Lisa Dvoracek
Loana Giesler
Luca Klein
Luna Day
Manfred Luczinski
Martina Schnecke
Mascha Janke
Michaela Goßmann
Nadin Kadner
Nanja Holland
Oliver Fahn
Paul Busch
Petra Kesse
Rosi Tremanns
Sarah Sophie Vierheller
Sieglinde Seiler
Simone Lamolla
Sonja Dohrmann
Tristan Berghoff
Ulrike Wessel-Fuchs
Vanessa Boecking
Volker Liebelt
Wolfgang Rödig

Die Freunde vom Kiesloch

Seine Familie zog in eine Wohnung im Nachbarhaus. Er kam zu mir in die Klasse, sein Platz war neben meinem in der letzten Reihe. So wurden wir fast zwangsläufig Freunde: er, der dicke Charly mit dem fränkischen Akzent, und ich, der kleine Schmächtige mit der rachitischen Brust. Wir waren *Dick und Doof* auf dem Schulhof, bei den Turnstunden die Letzten, die in die Völkerballmannschaften gewählt wurden, von den Jungs bei jeder Gelegenheit herumgeschubst und gehänselt, während die Mädchen dazu kicherten. Wir hielten das zusammen aus. Nach Unterrichtsschluss nahmen wir auf dem Heimweg Charlys kleinen Bruder Fritzchen in die Mitte, der den Jahrgang unter uns besuchte, und singend und blödelnd gingen wir zurück in unser Armeleuteviertel.

Ich hatte nicht viele Pflichten zu Hause. Nach Erledigung der Hausaufgaben hielt mich nichts mehr in der Enge unserer Wohnung. Ich musste einfach los, um zu schauen, was die anderen Kinder trieben. Aber ich hatte nicht immer Lust auf Fußball oder Trapperspiele. Deshalb schloss ich mich öfter Charly und Fritzchen an, die nachmittags meist von ihrem Vater mit Arbeit eingedeckt wurden.

Bald half ich ihnen, im Frühling und im Sommer den Schrebergarten der Familie zu bewirtschaften. Wir pflanzten Salat und Tomaten, legten Gemüsebeete an, schnitten die Obstbäume und schleppten die Ernten heim. Was die Familie nicht verbrauchte, verhökerte der Alte in der Eckkneipe und finanzierte seine berüchtigten Besäufnisse mit dem Ertrag.

Nicht anders war es im Herbst. Da sammelten wir drei säckeweise Tannenzapfen im nahen Wald oder gingen in die Keller der älteren Nachbarn, um Holz zu hacken. Was wir verdienten, versoff der Alte.

Schlimm war es im Winter. Die Brüder wurden dann zum Kiesloch geschickt, dessen Bagger wegen der Kälte stillgelegt worden war. Auf den noch nicht gesiebten Halden, deren Oberflächen gefroren waren, mussten sie dann nach Metall wühlen.

„Guss graben", nannte ihr Vater das. *Guss* war alles, was sich beim Händler zu Geld machen ließ: alte Gerätebolzen, Draht, Fahrradrahmen, marode Teile des Baggers selbst und natürlich die Reste von Armeewaffen, die bei Kriegsende hier versenkt worden waren, als die Alliierten anrückten.

Im zweiten Jahr unserer Freundschaft war der Winter ein besonders harter. Eines Tages zogen wir wieder mit der alten Deichselkarre los. Charly war sehr nervös und plapperte unentwegt irgendwelchen Unsinn von Fleiß, der seinen Preis habe. Fritzchen dagegen blieb merkwürdig stumm. Vor dem niedergetrampelten Zaun zum Kieswerk wurde es mir schließlich zu dumm.

„Was ist denn heute los mit euch? Ist etwas passiert?"

Fritzchen schaute seinen großen Bruder an, der stur auf den Boden starrte. „Der Alte schlägt ihn", brach es dann aus dem Kleinen heraus. „Immer ihn. Und wenn die Karre heute nicht voll wird, schlägt er ihn tot. Das hat er gesagt."

„Quatsch! Ihr wollt mich auf den Arm nehmen."

„Zeig's ihm", schrie Fritzchen jetzt. „Er ist unser Freund, also zeig's ihm!"

Verschämt öffnete Charly nun seine Jacke. Er drehte sich um und zog seinen dicken Pullover hoch. Sein Rücken war voller Striemen, die Haut von getrocknetem Blut verkrustet.

Mir wurde speiübel. Noch nie hatte ich etwas so Schreckliches gesehen. Beide weinten jetzt. Auch mir lief der Rotz aus der Nase. Wut und Ohnmacht pressten mir die Brust zusammen. „Los jetzt", entschied ich, ohne nachzudenken. „Wir müssen das hinkriegen, bevor es dunkel wird."

Und wir kriegten es hin. Unsere Finger waren steif, die Nägel eingerissen. Aber als der Abend dämmerte, zogen und schoben wir die wackelige, bis oben hin beladene Karre nach Hause. Charlie schnaufte bei jedem Schritt. Fritzchen weinte, denn seine Hände brannten vor Schmerz.

Der Alte begutachtete das Gefährt erst am nächsten Tag. Noch verkatert von der Zechtour am Vorabend bugsierte er das rostige Sammelsurium zum Schrotthändler. Charlie kam dieses Mal ohne Prügel davon, aber Fritzchen fieberte und musste ins Krankenhaus. Um seine rechte Hand vor dem Brand zu retten, wurden ihm der kleine und der Ringfinger amputiert.

Wochen später, an einem Sonntag, verabredete ich mich mit den Brüdern zum Drachensteigenlassen auf den Stoppeläckern vorm Rheindamm. Aber als ich morgens aufwachte, hatte es kräftig geschneit, sodass ich den Drachen im Schuppen ließ. An unserem Treffpunkt waren schon viele Kinder zugange. Charly war mit dem Bau eines Schneemanns beschäftigt. Fritzchen hatte nicht mitkommen wollen. Seine Hand war immer noch bandagiert und er hatte in letzter Zeit wenig Lust zum Spielen.

Zu zweit war unser Werk schnell geschafft, drei dreckig weiße Kugeln aufeinandergestellt, nur mit viel Fantasie als menschliche Gestalt erkennbar. Wir allerdings waren zufrieden mit dem Ergebnis und schauten uns nach einer anderen Beschäftigung um. Ein Stück weiter, auf dem Nachbarfeld, schien einiges los zu sein. Eine ganze Gruppe von Kindern hatte sich da versammelt. Es gab viel Gelächter und Geschrei. Neugierig stapften wir durch den hohen Schnee, um nachzuschauen, was für so viel Spaß sorgte.

Ein kleiner rotbäckiger Junge, der ganz aufgeregt war, erklärte uns das Spiel. In den Ackerfurchen waren tiefe Schneewehen und es ging darum, mit einem Bauchklatscher die tiefste Kuhle in den Neuschnee zu machen.

Mein dicker Freund war sofort Feuer und Flamme. Er wollte unbedingt der Nächste sein. Schnell suchte er sich eine unberührte zugeschneite Stelle. Alle beobachteten gespannt, wie er nun einige Schritte zurückging, um Anlauf zu nehmen.

„Na los, Dicker", schrien sie. „Mach schon!"

Charly lief los, und er hätte bestimmt gewonnen. Doch vergessen im Herbst, begraben unterm Schnee, lag diese Sichel auf Nabelhöhe.

Neulich traf ich nach langer Zeit wieder einmal Fritzchen, ausgerechnet am Kiesloch, das längst zum Badesee geworden ist. Es war im Januar. Die Wasserfläche war zugefroren. Kinder vergnügten sich auf Schlittschuhen.

Fritzchen, im Lauf der Jahre zu einem großen, stämmigen Mann geworden, kam freudestrahlend auf mich zu. Er streckte mir die Rechte mit den drei Fingern entgegen und ich drückte sie herzlich. Er sei jetzt verheiratet, erzählte er, und Vater der kleinen Charlotte, wobei er stolz auf ein kleines Mädchen zeigte, das sich gerade unbeholfen an einer Pirouette versuchte und auf dem Hintern landete. Es begann zu weinen.

Da verabschiedete er sich schnell. Schon auf dem Weg zu ihr drehte er sich noch einmal um und rief lachend: „Übrigens, der Alte ist tot!"

„Gut so", dachte ich, als ich ihm hinterhersah, denn er lachte wie ein Sieger und ging sicher übers Eis.

Helmut Blepp, *geboren 1959 in Mannheim, Studium Germanistik und Politische Wissenschaften, selbstständig als Trainer und Berater für arbeitsrechtliche Fragen. Lebt mit seiner Frau in Lampertheim an der hessischen Bergstraße. Veröffentlichungen: vier Lyrikbände; zahlreiche Beiträge in deutschsprachigen Zeitschriften und Anthologien.*

Zusammen

Mit dir bin ich durch den Sand gelaufen,
war im Büdchen Bonbons kaufen,
kämmte mit dir unsre Puppen
wir versteckten uns im Schuppen.

In Poesiealben geschrieben,
sich zum ersten Mal verlieben.
Auch an ziemlich dunklen Tagen
brauchte ich nicht zu verzagen!

Endlos Telefon blockieren,
gemeinsam kann uns nichts passieren!
Reden bis tief in die Nacht.
Mann, was haben wir gelacht!

Gemalt, geschminkt, getanzt, geweint
durch viele Jahre stets vereint.
Gleiche Mützen, gleiche Schuh,
liebe Pia, das warst du!

Dörte Müller, *geboren 1967, hatte das große Glück, eine Freundin zu haben, die sie durch die Kindheit und Jugend begleitet hat. Nach vielen Jahren hat sie sie mithilfe der modernen Technik wiedergefunden.*

Was ist Freundschaft?

Es war ein regnerischer Augusttag. Ich kam gerade aus der großen Pause vom Schulhof in meinen Klassenraum. Ich sollte mich vielleicht erst einmal vorstellen. Ich heiße Grace und gehe in die vierte Klasse. Heute war ein besonderer Tag. Die neuen Erstklässler kamen auf unsere Schule. Jeder neue Schüler und jede neue Schülerin bekam einen Paten oder eine Patin, die dem oder der halfen, sich in der Schule zurechtzufinden. Die Paten dienten zum Beispiel als persönliche Ansprechpartner. Heute bekamen die Kinder meiner Klasse auch Patenkinder.

Ich war sehr aufgeregt, als mitten in unserer Mahnstunde die Tür zum Klassenraum aufsprang. Viele kleine Erstklässler kamen in den Klassenraum. Die meisten waren mindestens zwei Köpfe kleiner als ich. Meine Lehrerin las die Namen aller Kinder aus meiner Klasse vor und danach die Namen der Patenkinder. Ich wurde Patenkind eines kleinen Mädchens namens Lena. Sie war fast zweieinhalb Köpfe kleiner als ich. Ihr Haar war lang und blond und ihre Augen blau. Meine Klasse wurde aufgefordert, die neuen Schüler in der Schule herumzuführen und ihnen alles zu zeigen. Also machten Lena und ich uns auf den Weg durch die Schule. Lena hörte gut zu und sprach nicht viel. Irgendwann brach ich die Stille.

„Also du bist Lena", sagte ich zu ihr.

„Ja, und du bist Georgia", sagte die kleine Lena, als wir auf den Schulhof abbogen.

„Nein, Grace", korrigierte ich sie. „Hier ist der Schulhof. Hier kannst du mit deinen Freunden spielen."

„Hast du Freunde?", fragte Lena mich.

„Ja. Ich finde, Freundschaft ist wichtig", antwortete ich.

„Was ist Freundschaft?", fragte das Mädchen und ich war erstaunt. Wusste dieses Mädchen wirklich nicht, was Freundschaft war?

„Weißt du, was Freunde sind?", fragte ich es.

„Nein, kannst du es mir erklären?", fragte die Erstklässlerin und tat mir leid. Ich wollte es dem Mädchen gerade erklären, als die Schulglocke klingelte und den Schulschluss ankündigte.

„Ich erkläre dir das morgen", sagte ich zu Lena und zusammen gingen wir unsere Schultaschen holen und dann nach Hause.

Ich lag zu Hause auf meinem Bett und dachte an die kleine Lena, die nicht wusste, was Freunde oder was Freundschaft war. Der Gedanke daran, dass sie einfach nicht wusste, was das war, machte mich irgendwie traurig. Wie konnte man nicht wissen, was Freundschaft war? Das war schrecklich. Was würde ich tun, wenn ich keine Freunde hätte, fragte ich mich. Keine Ahnung. Aber wie sollte ich Lena erklären, was Freundschaft war? Konnte man so etwas überhaupt erklären? Ich würde es morgen versuchen müssen.

An diesem Tag verabredete ich mich später noch mit meinen Freunden zum Eisessen. Wir saßen auf unserem Schulhof auf einer Tischtennisplatte und jeder hatte ein Eis oder ein Milchshake in der Hand. Wir sprachen über die weiterführende Schule, die wir im nächsten Jahr besuchen würden und über unsere Patenkinder. Ich erzählte meinen Freunden, dass die kleine Lena keine Freunde hatte.

„Ich soll ihr erklären, was Freundschaft ist, aber finde einfach nicht die richtigen Worte", sagte ich.

„Sag dem Mädchen doch einfach, wie du dich fühlst, wenn du mit uns zusammen bist", antwortete meine Freundin Ann.

„Gute Idee. Und sag der Kleinen auch, dass sie schon Freunde finden wird", sagte John aus meiner Klasse.

„Okay, danke", bedankte ich mich.

Der nächste Tag war angebrochen und ich lief gerade zur Schule. Als ich auf den Schulhof kam, sah ich Lenas Klasse, nur Lena nicht, obwohl es schon fünf vor acht war. Also ging ich in meine Klasse. Ich würde sie in der Pause suchen. Das tat ich auch und fand Lena schließlich: Sie saß abseits ihrer Klasse auf einer Turnstange und sah einsam aus. Ich ging zu ihr hin.

„Hi, Lena"

„Hi."

„Ich habe heute eine Antwort auf deine Frage."

„Ja?", fragte Lena ungeduldig.

„Freunde sind Personen, mit denen du viel Zeit verbringst. Man unternimmt lustige Dinge. Wenn du Freunde hast, bist du niemals alleine. Du gehörst dazu und sie helfen dir, wenn du Hilfe brauchst. Du kannst deinen Freunden vertrauen und dich immer auf sie verlassen. Manchmal gibt es auch Streit, aber das ist normal. Deine Freunde sind immer für dich da und alle halten zusammen", antwortete ich.

„Das sind Freunde?", fragte Lena traurig.

„Ja, das sind Freunde. Man fühlt sich wohl und hat mit Freunden viel Spaß. Meine Freunde sind für mich wie eine zweite Familie. Ich bin mit meiner ganzen Klasse befreundet. Mit manchen mehr und mit manchen weniger", erzählte ich ihr.

„Ich habe keine Freunde."

„Du wirst hier bestimmt Freunde finden."

„Wie denn? Soll ich durch die Gegend rennen und rufen: Wer will meine Freundin sein?", fragte Lena.

„Nein, natürlich nicht. Du könntest aber mal bei den Spielen deiner Klasse mitmachen. Geh doch zu den anderen, Seil springen", schlug ich vor.

„Was, wenn ich keine Freunde finde und, so wie jetzt, für immer alleine bin?", fragte die kleine Lena.

„Du findest bestimmt welche", sagte ich zu ihr.

Tatsächlich sprang sie von der Stange und ging zu ihrer Klasse, um Seil zu springen. Zuerst wirkte sie unsicher, doch dann, als sie mit mehreren Kindern in einem Seil stand, strahlte Lena. Sie lachte. Ich konnte sehen, dass sie das Gefühl hatte, dazuzugehören. Lächelnd drehte ich mich um und ging zu meiner eigenen Klasse.

Später sah ich Lena noch einmal in der großen Pause. Sie saß nicht mehr abseits, sondern sprach mit einem anderen Mädchen. Sie hatte wohl eine Freundin gefunden. Als mich das Mädchen sah, rannte es auf mich zu. Dann umarmte es mich, was mich verdutzte.

„Danke! Ich habe Freunde gefunden und du bist auch einer von ihnen!", sagte das Mädchen. Ich hatte das Gefühl, rot zu werden.

Lena fand immer mehr Freunde und war von nun an glücklich, Freunde zu haben.

Loana Giesler *schreibt gerne Geschichten.*

Der chinesische Kochtopf

Gerne höre ich auch heute noch auf den Rat des Ehepaares Lindner. Ob die Probleme klein oder groß sind, die Lindners finden immer einen Ausweg.
Sabine und Robert Lindner sind weit über 80 Jahre alt. Im Herzen aber sind sie jung und modern geblieben. Herr Lindner hatte einen Beruf, in dem er in der ganzen Welt herumkam. Er lebte viele Jahre mit seiner Frau in Asien und Südamerika. Heute wohnen die beiden am Münchner Stadtrand, direkt am Ufer des Starnberger Sees. Ein breiter Weg führt zu der geräumigen Villa.
Ich sitze in einem schwarzen Ledersessel und betrachte das Kaminfeuer. Kein Wohnzimmer strahlt eine solche Gemütlichkeit und Geborgenheit aus wie dieses. Und ich war schon in vielen Wohnzimmern zu Gast.
Herr Lindner schenkt mir einen französischen Rotwein ein, wir stoßen alle an, und Frau Lindner bemerkt: „Es wird höchste Zeit, dass wir mal wieder gemeinsam einen netten Abend verbringen."
Herr Lindner steht auf, was ihm große Mühe bereitet. Wie so viele Senioren hat auch er Schwierigkeiten mit seinen Beinen. Sie tragen ihn nicht mehr so gut.
Er geht zum Kamin, bückt sich und greift nach dem Korb, um Holz zu holen. Ich springe auf, um ihm die Arbeit abzunehmen. Aber schon steht Sabine Lindner neben mir und bittet uns, beide wieder Platz zu nehmen, denn sie möchte Brennholz holen. Sie lässt sich nicht von mir helfen.
Als sie wieder das Zimmer betritt, geht ihr Mann auf sie zu, bedankt sich bei ihr und drückt ihr ein Küsschen auf die Wange.
Ich bin gerührt. Es ist jedes Mal eine Freude für mich zu sehen, wie glücklich und harmonisch die beiden immer noch sind – nach so vielen Ehejahren.
Ich trinke einen Schluck Wein und frage sie: „Was ist eigentlich das Geheimnis eurer glücklichen Ehe?"

Beide lächeln sich an und Robert antwortet: „Ein Geheimnis gibt es da sicher nicht. Die Ehe ist ein Bündnis, das gehegt und gepflegt werden muss. Für manche ist die Ehe beziehungsweise die Liebe lediglich ein Boogie-Woogie der Hormone. Wenn solche Bindungen dann scheitern, muss man sich nicht wundern."

Sabine nickt und fährt fort: „Leider sind die meisten Menschen nicht auf die Ehe vorbereitet. Robert und ich waren es auch nicht. Als wir vor über 60 Jahren heirateten, hatten wir keine Ahnung. Wir wussten nicht, wie man über seine Gefühle und Empfindungen spricht, wie man Kritik einsteckt und Kritik übt, ohne den anderen gleich in Bausch und Bogen zu verdammen. Oder wie man konstruktiv streitet und es schafft, auch mal nachzugeben, Probleme auch mal eine Weile im Raum stehen zu lassen, um einen günstigeren Augenblick zu ihrer Bewältigung abzuwarten. Die ersten Jahre waren deshalb ziemlich schwierig und der Haussegen hing oft schief."

Robert geht in die Küche. Er kramt aus dem hintersten Eck einen Gegenstand hervor, bringt ihn mit ins Wohnzimmer, reicht ihn mir und sagt: „Vielleicht gibt es doch ein Geheimnis unserer glücklichen Ehe – dies hier hat eine Menge dazu beigetragen."

Gespannt wartet er auf eine Reaktion von mir. Ich bin jedoch ratlos. Was er mir in die Hand gedrückt hat, ist ein ganz gewöhnlicher Kochtopf. Er ist nicht schön, die Farbe bereits an einigen Stellen abgeblättert. Sabine lacht und erzählt: „Dieser Topf ist schon sehr alt. Ich habe ihn bei einem alten Chinesen in Schanghai gekauft. Dieser Mann sagte zu mir, in Europa sei die Ehe mit einem heißen Topf zu vergleichen, den man auf eine kalte Platte stelle und der nach und nach abkühle. In fernöstlichen Ländern sei die Ehe ein kalter Topf, den man auf eine heiße Platte stelle, sodass er sich langsam erwärme und immer heißer werde. Diese Worte haben mir damals sehr gut gefallen, bis heute habe ich sie nicht vergessen."

Robert unterbricht Sabine und stellt klar: „Nicht, dass unsere Ehe zu Anfang ein kalter Topf gewesen wäre, ganz im Gegenteil. Aber ich glaube, dass viel zu viele Menschen lediglich darauf hoffen, dass sich die Anfangshitze möglichst lange hält, anstatt immer wieder kräftig nachzuheizen. So verstehe ich die Ehe: die Freundschaft vertiefen, sich immer näher kommen, sich immer besser verstehen lernen."

Verträumt beobachte ich, wie die lodernden Flammen auf die gerade aufgelegten Holzscheite übergreifen.

Sabine unterbricht die Stille: „Wir reden oft über Ehe und Partnerschaft. Und wenn jemand Schwierigkeiten hat, so wie du, versuchen wir ihm zu helfen." Dabei schaut sie mir tief in die Augen.

Robert legt seine Hand auf meine Schulter und sagt: „Ich finde es wichtig, auch von anderen Menschen zu hören, welche Probleme sie haben. Zu sehen, wie sie damit umgehen, das hilft auch uns weiter."

Ich bin nicht in der Stimmung, jetzt über die Schulprobleme meiner Kinder zu sprechen. Auch nicht über die voraussichtliche Kündigung unserer Mietwohnung und schon gar nicht über meine momentane Ehekrise. Da kann mir keiner helfen, denke ich mir, da muss man eben durch.

Also trinke ich mein Glas leer, stehe auf, gehe wie ein Tiger in seinem Käfig nervös auf und ab und sage etwas vorwurfsvoll: „Das alles hört sich recht einfach an, ist jedoch, wie alles Üben, eine schwierige Arbeit. Es erfordert eine Menge Geduld." Ich bedanke mich für den netten Abend und möchte mich verabschieden.

Frau Lindner reagiert überhaupt nicht und holt noch eine zweite Flasche Rotwein aus der Küche.

Herr Lindner kommentiert trocken: „Setz dich."

Seine Frau reicht mir die Flasche und den Korkenzieher.

Ich öffne die Flasche, gieße allen die Gläser nach und lasse mich in den Sessel fallen. Ich fühle mich unausgeglichen und ausgelaugt vom beruflichen und häuslichen Ärger.

Der Hausherr deutet mit seinem Zeigefinger auf die Vitrine mit den vielen Schnitzereien, Statuen und Vasen. „Jedes Stück teilt eine Geschichte mit", sagt er. „In welches Land sollen wir dich heute entführen? Nach Burma, Thailand, Indonesien, Indien, Guatemala, Peru …?" Er greift sich aus der Vitrine eine Holzfigur, hält sie in den Händen, betrachtet sie immer wieder von allen Seiten und dann erzählen beide über Indonesien.

Das klingt alles so echt, als ob ich damals selbst dabei gewesen wäre. Ich schließe meine Augen, und manchmal habe ich das Gefühl, als könnte ich sogar die Gerüche der Speisen, von denen sie mir erzählen, wahrnehmen. So vergesse ich für einige Stunden meine Sorgen. Wie machen die beiden das nur? Die Erzählungen wirken auf mich wie eine Hypnose und Seelenmassage zugleich.

Nach etwa drei Stunden verabschiede ich mich von meinen Freunden und trete den Heimweg an.

Zu Hause fragt mich meine Frau: „War es nett? Haben die beiden wieder über ihre Auslandsabenteuer gesprochen?"

Ich nicke mit dem Kopf: „Ja, es war wieder sehr schön. Diesmal haben sie mich mit nach Indonesien genommen. Aber sie haben mir auch eine kleine Geschichte über einen chinesischen Kochtopf erzählt. Diese Erzählung gefiel mir am besten. Willst du sie hören?"

Verständnislos schaut meine Frau mich an, wobei sie erwidert: „Heute nicht mehr. Ich bin schon zu müde. Vielleicht morgen. Dann erzähle ich dir auch eine Geschichte über Kochtöpfe, Bestecke, Teller, Tassen und Gläser, die ich heute abgespült habe, während du dich amüsiert hast. Ich gehe jetzt ins Bett. Gute Nacht."

Ich bin noch nicht müde. Zu viele Gedanken wirbeln in meinem Kopf herum. Dabei denke ich an einen kühlen Kochtopf und wünsche mir, er möge sich noch einmal erwärmen und vielleicht sogar sehr heiß werden.

Hermann Bauer: *geboren 1951, lebt in seiner Geburtsstadt München. Seit 1988 Veröffentlichungen von Kurzgeschichten, Reisereportagen, Märchen und Lyrik in Büchern, Anthologien, Zeitschriften, Zeitungen und Kalendern in Deutschland, Österreich, der Schweiz, Frankreich und als Übersetzung in Vietnam. Seit 2014 schreibt er auch Theaterstücke. Tritt gelegentlich auch als Kabarettist und Gospelsänger auf. www.shen-bauer. de.*

Wenn Freundschaft ...

Wenn Freundschaft verbindet,
man eine vertraute Seele findet,
dich nimmt, wie du bist,
dich, wenn du fort bist, vermisst.

Wenn Freundschaft versteht,
den schweren Weg mit dir geht,
dich beflügelt und stützt,
dich wertschätzt, beschützt.

Wenn Freundschaft bestärkt,
deine Größe bemerkt,
dann vertraue darauf
und pass gut auf sie auf.

Michaela Goßmann, *geboren 1984, Lehrerin in Mainz.*

Brieffreundschaft

Melanie hatte heute viel erlebt. Sie war bei dem schönen Wetter mit ihrer Freundin Alicia im nahen Schwimmbad. Das war toll. Den ganzen Tag frische Luft. Das machte auch müde. Deshalb ging sie nach dem Abendbrot auch bald ins Bett. Erst kam Papa zum Gutenachtsagen, dann Mama. Als Mama sich zu Melanies Gesicht beugte, um ihr den Gutenachtkuss zu geben, fragte Melanie, ob sie denn auch eine Freundin habe.

„Ja, ich habe eine Freundin, die kennst du auch. Es ist Christel. Und ich habe dann noch eine Freundin, die du nicht kennst."

„Wer ist denn deine andere Freundin und warum kenne ich sie nicht?", wollte Melanie wissen.

„Meine andere Freundin heißt Barbara. Barbara ist meine Brieffreundin und wohnt in Norddeutschland."

„Und wie bist du an eine Brieffreundin in Norddeutschland gekommen?", wollte Melanie wissen.

„Die habe ich im Urlaub vor vielen Jahren kennengelernt. Wir haben uns zufällig in einem Café in einer kleinen Stadt und uns dann noch öfters im Urlaub getroffen. Als wir dann abreisen mussten, haben wir unsere Adressen ausgetauscht, seitdem schreiben wir uns regelmäßig einmal im Monat. Barbara weiß ganz viel von unserer Familie. Sie weiß, wo wir wohnen und wer alles zu unserer Familie gehört. Sie weiß, dass wir ein Kind haben, nämlich dich, und wann du geboren wurdest. Barbara weiß, was ich arbeite und in welche Schule du gehst und so weiter ..."

„Und von ihr weißt du auch so viel?", fragte Melanie.

„Ja, ich weiß auch ganz viel von ihrer Familie. Barbara hat zwei Kinder, ein Mädchen, die Clara, und einen Jungen, den Marcel. Die sind etwa so alt wie du. Vielleicht lernst du sie ja mal kennen."

Melanie war ganz aufgeregt. An schlafen war nun nicht mehr zu denken. Melanie wollte immer mehr von der Brieffreundin von Mama wissen. Und schließlich sagte sie: „Ich möchte auch gern eine Brieffreundin haben. Aber wie komme ich an eine Freundin, die vielleicht auch in einer anderen Stadt wohnt?"

„Also heute ist es schon spät genug, heute zerbrechen wir uns darüber nicht mehr den Kopf. Jetzt wird erst mal geschlafen. Morgen sehen wir dann weiter. Vielleicht fällt uns etwas ein." Mama drückte Melanie einen dicken Kuss auf die Wange, deckte sie nochmals zu, vergaß dabei auch das Kuschelbärchen nicht, knipste das Licht aus und lehnte die Tür an.

Melanie wollte noch nachdenken, kam aber nicht weit, sondern schlief dann bald ein.

Am nächsten Morgen war die Brieffreundin sofort wieder Gesprächsthema beim Frühstück.

„Papa, hast du denn nicht eine Idee, wie ich an eine Brieffreundin weit weg kommen könnte?", fragte Melanie mit einem halben Brötchen im Mund, sodass Papa erst gar nicht richtig verstand, was sie sagte.

„Du weißt doch, dass man nicht mit Essen im Mund spricht", ermahnte Papa seine Tochter. „Kaue erst mal richtig, dann schluck den Bissen runter und wiederhole bitte deine Frage."

Melanie kaute, schluckte und fragte dann noch einmal.

„Mir ist etwas eingefallen", sagte Papa.

„Und was?"

„Du schreibst mit Mama, sagen wir ... drei Zettel. Die dürfen aber nicht größer sein als vielleicht eine Postkarte. Und darauf schreibst du deine Anschrift, deine Telefonnummer und auch, dass du eine Brieffreundin oder einen Brieffreund suchst. Dazu vermerkst du auch noch, wie alt du bist, was du gerne machst und in welche Klasse du gehst. Den Rest machen wir dann zusammen."

Melanie setzte sich gleich hin und schnitt aus Papier Zettel im Format einer Postkarte aus. Dann bat sie Mama, mit ihr zusammen die Zettel zu beschreiben. Es dauerte schon eine ganze Weile, bis drei Zettel mit all den Informationen beschrieben waren. Der Vormittag verging.

Papa war derweilen verschwunden. Er war in ein Spielwarengeschäft gegangen und hatte dort drei Luftballons gekauft. Und dann erinnerte er sich daran, dass doch ein Drogeriemarkt gerade heute ein neues Geschäft eröffnet und dass dort Luftballons gefüllt werden. Er fragte dort, ob sie ihm nachher drei Ballons mit Gas füllen würden.

Die nette Verkäuferin sagte Ja und Papa eilte nach Hause.
Nach dem Mittagessen verriet Papa, wie es weitergehen würde. „Wir nehmen jetzt mein altes Hemd und schneiden aus dem Rücken- oder Vorderteil drei Stücken. Die Stücke sind so etwa 20 mal 20 Zentimeter. Aber bitte, wenn's geht, gleichmäßig schneiden."
„Und was soll das werden?", fragte Melanie.
„Warte es ab", antwortete Papa.
Mama ahnte schon, was nun passieren würde.
„Nun brauchen wir nur noch Schnur. Ich glaube, im Schuppen liegt noch ein Knäuel."
Mama ging in den Schuppen und tatsächlich, ein großes Knäuel dünner Schnur lag auf dem Tisch. Sie griff sich das Knäuel und kehrte zu Papa und Melanie zurück.
„Jetzt passiert Folgendes", sagte Papa, „jetzt binden wir an jede Ecke deines Tuches eine Schnur an, die so etwa dreißig Zentimeter lang ist. Die vier Enden der Schnüre verknoten wir am Ende miteinander. Und jetzt der Knaller: Die Zettel rollen wir ganz eng zusammen und binden sie mit einer extra Schnur an die Knotenschnüre an. Und so entsteht ein kleiner Fallschirm, an dem ein eingerollter Zettel hängt. Klar?"
„Klar", antworteten Melanie und Mama.
Sie knoteten und rollten und knoteten und rollten und knoteten und rollten. Dann waren drei kleine Fallschirme mit Post fertig.
„Ja, und wie kommen die Fallschirme in die Luft, Papa?", wollte Melanie nun wissen.
„Pass auf, wir nehmen deine Zettelrolle und legen den Fallschirmstoff genau mit der Mitte auf die Spitze deiner Rolle. Dann drücken wir den Stoff um deinen Zettel und schieben das Ganze in den Luftballon. Ich habe extra welche besorgt, die ein wenig größer sind und deshalb auch eine größere Öffnung haben."
Melanie, Mama und Papa schoben jeder einen Fallschirm in einen Luftballon. Tatsächlich, es ging.
„So, und nun gehen wir zur Drogerie und lassen ihn mit Heliumgas füllen. Die Verkäuferin hat es mir vorhin versprochen."
Gesagt, getan. Die Verkäuferin füllte alle drei Ballons mit dem Gas, bis sie bald zu platzen schienen.
„Schön festhalten", forderte Papa seine zwei Ballondamen auf. Er selbst hielt seinen Ballon auch ganz fest.
Sie liefen mit ihren Ballons quer durch die Stadt und die Menschen,

die ihnen begegneten, schmunzelten oder meinten zu ihnen, dass sie wohl zu einem Geburtstag gehen würden.

Am Stadtpark angekommen, gab Papa den Befehl zum Start von drei gefüllten Ballons. Melanie war ganz aufgeregt und auch Papa strahlte über das ganze Gesicht. Mama hatte, wohl weil sie so aufgeregt und belustigt über den Start der Ballons von Melanie und Papa war, ganz vergessen, ihren Ballon loszulassen. Erst als sie ihren Blick vom Himmel wandte, bemerkte sie ihren Ballon in der Hand. Sofort ließ sie ihn los und schon stieg der letzte der drei Ballons hoch in den Himmel auf.

Melanie flüsterte leise vor sich hin: „Lieber Ballon, flieg ganz weit weg und mache bitte, dass ich eine ganz tolle Brieffreundin oder einen ganz tollen Brieffreund bekomme. Das wäre schön!"

Die Ballons stiegen höher und höher und bald waren sie nicht mehr zu sehen.

Irgendwann platzten die Ballons und die Zettel an den Fallschirmen fielen heraus. Während des Fallens öffnete sich der Fallschirm und die Zettel schwebten auf die Erde herab.

Melanie wurde nach drei Tagen ungeduldig und jedes Mal, wenn der Briefträger kam, flitzte sie sofort zum Briefkasten und schaute nach, ob ein Brief für sie dabei war.

Aber nichts, keine Nachricht für sie. So ging das fast zwei Wochen.

Dann aber schlug das Glück gleich doppelt bei ihr ein. Zwei Briefe, einer von einer Annemarie aus Bayern und einer von Jens aus Schleswig Holstein lagen im Briefkasten. Sofort wurden die Briefe geöffnet und mit ganz schnellen Schritten sauste Melanie ins Haus. Sofort zeigte sie die Post ihrer Mama.

Mama las ihr die Briefe vor und Melanie wollte sofort Antwortschreiben anfertigen, aber Mama bremste sie und sagte, dass man sich da ruhig etwas Zeit lassen könne.

Inzwischen kam auch Brief Nummer drei an. Ihn hatte ein Mädchen mit Namen Melanie, ja, das Mädchen hieß auch Melanie, geschrieben. Na, da gab es in Zukunft sicherlich viel auszutauschen, eine Brieffreundin mit gleichem Namen. Das war ja toll.

Ja, so wird Melanie nun ein paar Tage warten und dann die Antwortbriefe schreiben. Viel will sie Annemarie und Jens mitteilen und natürlich auch Melanie. Vielleicht halten diese Brieffreundschaften viele Jahre, so wie bei Mama.

Ihre Briefe schickt sie aber nicht mehr mit dem Luftballon. Jetzt schickt sie sie mit der ganz normalen Post.

Charlie Hagist *wurde 1947 in Berlin-Steglitz geboren. Nach Grund- und Oberschule absolvierte er eine Ausbildung zum Bankkaufmann. Während seiner Tätigkeit in der Personalabteilung des Hauses bildete er sich zusätzlich zum Personalfachkaufmann (IHK) weiter. Ehrenamtlich war er als Richter am Amtsgericht Berlin-Tiergarten, am Sozialgericht Berlin und danach am Landessozialgericht Berlin tätig. Charlie Hagist ist verheiratet, hat einen Sohn.*

Freundschaft

Es gibt Menschen, die machen unsere Welt zu etwas Besonderem, einfach dadurch, weil es sie gibt.

Jedes Mal, wenn Erwin sein Spiegelbild betrachtete, war er sichtlich enttäuscht. Er wäre so gerne ein großer, starker Kerl geworden, der sich heldenhaft für Gerechtigkeit einsetzt und das Böse in der Welt bekämpft. Ein Superheldenleben, davon hatte Erwin immer geträumt, was aber aufgrund seiner äußeren Erscheinung und der fehlenden übernatürlichen Kräfte nicht möglich war. Leider war Erwin zwergenhaft klein und schmächtig, was nur dazu geführt hatte, dass ihm manche Menschen die blödesten Spitznamen gaben, wie Zwergengerippe oder Mini-Leptosom. Daran hatte Erwin sich längst gewöhnt und es war ihm egal. Was ihm aber nicht egal war, das waren Ungerechtigkeiten und üble Dinge, die in der Welt geschahen.

Und so begann Erwin, Spinat zu essen. Hatte man doch einst dem kleinen Erwin, als er noch ein Kind war, erzählt, dass man von viel Spinat groß und stark werde. Aufgrund seiner Verweigerung dieses Gemüses, so glaubte er nun, war er klein und dünn geblieben. Das sollte nun nachgeholt werden. Mehrmals täglich stopfte Erwin Spinat in sich hinein, aber größer und stärker wurde er nicht. Stattdessen begann sich seine Haut allmählich grün zu färben. Und so fasste Erwin den Entschluss, auch ohne die dafür nötige Körpergröße und vorhandener Superkräfte Gutes zu tun.

Für sein Superheldendasein brauchte er einen neuen Namen und eine Verkleidung. In einem Karnevalskostümladen kaufte er ein Zwergen-Outfit und nannte sich von nun an *Spinato der Gerechte*.

Erwin Spinato der Gerechte ging täglich aufmerksam durch die Straßen. Er versuchte, einen Fahrraddiebstahl zu verhindern, einen Streit zu schlichten oder einen Ladendieb aufzuhalten.

Leider führte das in den wenigsten Fällen zum gewünschten Erfolg, stattdessen gabs was auf die Mütze.

Apropos Mütze, die Mütze von seinem Zwergenkostüm war zu groß und rutschte dem Erwin ständig vor die Augen, sodass er herannahende Ereignisse nicht sehen konnte. So wie an diesem einen Tag im April. Spinato der Gerechte war wieder einmal im Kampf gegen Ungerechtigkeiten unterwegs, als ein großer, stark tätowierter Kerl mit grimmiger Miene um die Ecke kam und geradewegs auf Spinato zulief. Dem rutschte gerade wieder mal die Mütze runter und er konnte nichts mehr sehen. Er hörte den großen Kerl laut lachen und verkrampft wartete er auf den schmerzbringenden Schlag. Der kam aber nicht. Stattdessen zog ihm dieser Typ die Mütze wieder nach oben.

„Na, du Erbsenzwerg", sagte er und grinste.

„Ne, falsches Gemüse", erwiderte Erwin. „Spinat, nicht Erbsen."

Der große Kerl bekam einen Lachanfall und Erwin lachte mit ihm. Dann erzählte Erwin von seinen Plänen, als Spinato der Gerechte die Welt ein wenig besser zu machen, und Manni, so hieß der große Kerl, war mächtig beeindruckt.

Manni hingegen fiel es schwer, Freunde zu finden. Er war immer freundlich und hilfsbereit, sah aber leider nicht so aus. Die meisten Leute hatten Angst vor ihm und gingen ihm aus dem Weg.

Von diesem Augenblick an verstanden sich die beiden bestens und wurden unzertrennlich.

Schon am nächsten Tag gingen sie gemeinsam durch die Straßen. Da ihr Anblick die meisten Menschen einschüchterte, versuchte niemand mehr, Fahrräder zu klauen, alten Damen die Handtaschen zu entreißen oder laut zu streiten. Zusammen waren die beiden ein super Team.

Hin und wieder zog der Manni dem Erwin die Mütze vors Gesicht und nannte ihn Erbsenzwerg. Darüber konnten beide herzhaft lachen.

Rosi Tremanns, *geboren 1958, lebt in Korschenbroich am Niederrhein, arbeitet in einem Spielwarengeschäft. Ehrenamtlich engagiert sie sich im Tierschutz.*

Freundschaft fürs Leben

Eine tiefe Freundschaft,
die nicht selten in der Jugend entsteht,
eine Seelenverwandtschaft,
die durch „dick und dünn" mit Dir geht,
ist ein besonderes Geschenk,
bereichert und hält oft fürs ganze Leben,
lebt aus Vertrauen, Zuverlässigkeit,
von beiden aus ganzem Herzen gegeben.

Sieglinde Seiler *wurde 1950 in Wolframs-Eschenbach geboren. Sie ist Dipl. Verwaltungswirt (FH) und lebt mit ihrem Ehemann in Crailsheim. Seit ihrer Jugend schreibt sie Gedichte. Später kamen Aphorismen, Märchen und Prosatexte hinzu. Ferner fotografiert sie gerne. Bislang hat sie bereits über 200 Gedichte im Internet und diversen Anthologien veröffentlicht.*

Vorurteile

Jedes Mal, wenn ich das autobahnnahe Fast Food-Restaurant betrete, wird mir bewusst: Ein vielfältiger Mischmasch aus Bevölkerungsschichten und Menschenschlägen könnte nirgendwo anders zusammenfinden als hier.

Es muss wohl ein Samstag gewesen sein, an dem ich wieder einmal dort eingekehrt war. Dabei ereignete sich Folgendes: Eine Dame, die in der Vergangenheit offenbar ein Herr gewesen war, sagte zu mir, weil sie meine suchenden Blicke entziffert hatte: „Setzen Sie sich doch bitte zu uns."

Hatte die Dame ihre Stimme durch tägliche Übungen in eine derartige Höhe geschraubt oder auf welche Weise war es ihr gelungen, so glockenhell zu klingen?

Sekundenlang werde ich sie einfach nur mit fahndenden Blicken gemustert haben. Ihre markanten Gesichtszüge, die durch sanfte Regungen im Mienenspiel gemildert wurden. Den knallgrünen Rock, den sie trug, die hochhackigen Schuhe, die seitlich des Tisches hervorlugten, von denen ich mir vorerst nicht vorstellen konnte, wie auf ihnen zu gehen wäre. Ein Schal, dessen Farbe mit Blutrot treffend beschrieben ist. Und nicht zuletzt eine durchgängig in Gold gehaltene Bluse, die mit Knöpfen im Durchmesser von Zweieuromünzen geschlossen werden konnte. Zwischen all ihren Kleidungsstücken und Accessoires, die ich aus meiner Position gut wahrnehmen konnte, wanderten meine Augen unentwegt hin und her, ehe ich realisiert hatte, dass tatsächlich sie es war, die mich zu Tisch gebeten hatte.

Im Teilbesitz meiner Selbstbeherrschung entgegnete ich kurz und knapp: „Vielen Dank." Ihre wie einen Wunsch geäußerte Freundlichkeit, mich zu setzen, kam mir irgendwie doch ziemlich gelegen.

Der Umstand, dass abgesehen von dem einen Platz an ihrem Tisch kein einziger mehr freigewesen war, erleichterte mir, ihrer Einladung zu entsprechen. Vielleicht wäre ich ansonsten weitergegangen, ohne sie zu beachten, dachte ich im Augenblick. Während ich mich auf den

Stuhl setzte, schämte ich mich beinahe meiner vorigen, gewiss unangemessenen Inspektion. Mir lag daran, hinter das Geheimnis einer derart wandlungsfähigen Person zu steigen. Aber wie sollte es mir gelingen, den Gründen ihrer außergewöhnlichen Existenz auf die Schliche zu kommen? Zwei Meter Körpermaß war bei ihr untertrieben. Ihre Beine reichten in ihrer übernatürlichen Länge bis zu mir herüber. Zu jedem Zeitpunkt unseres kurzen Beisammensitzens vermied ich, Rückfragen zu ihrem Erscheinungsbild zu stellen. Zuallerletzt wollte ich als rücksichtsloser Rüpel gelten.

Nachdem ich mich einigermaßen an ihre optischen Besonderheiten gewöhnt hatte, stieß ich auf etwas, das mich bis in die Gegenwart berührt.

Alles begann damit, dass ich sagte: „Sie sind nette Leute. Dass einen jemand in einem vollen Lokal zu Tisch bittet, ist eine Seltenheit, eine liebenswerte Herzlichkeit." Ich fühlte mich ehrlich gedrängt, das mitzuteilen, und ich hoffte, das Gesagte würde nicht für eine Anbiederung gehalten werden. Ihrem bis dahin in keinerlei Hinsicht in Aktion getretenen Begleiter lächelte ich beschwichtigend zu. Immerhin hätte er auf die Idee kommen können, ich mache der Exotin an seiner Seite in irgendeiner Hinsicht Avancen. Und weil ich ja nur neugierig war, was es mit ihrem Sein auf sich hatte, signalisierte ich ihm durch meine vor der Brust verschränkten Armen, es gäbe meinerseits überhaupt keine sie betreffenden Anträge. Nachdem ich meine Interesselosigkeit abgesteckt hatte, konnte ich unbefangen reden. Wir unterhielten uns prächtig.

Von sich aus begann der Herr von hagerem Wuchs mit der Baskenmütze und dem ungleich geschnittenen Oberlippenbart zu erzählen: „Marielle ist eine wundervolle Frau. Sie gibt mir so viel. Ich habe sie kennengelernt, als ich in Not war. Sie hat mein Elend erkannt. Wenn ich sie brauche, ist sie da. Jederzeit."

Wenn jemand so offen die Karten auf den Tisch legt, wie dieser kaum 30-jährige Mann, tendiere ich dazu, ungeniert zu werden, ihn auszuquetschen. Und so fragte ich: „Wo habt ihr euch kennengelernt?"

Er schlürfte an seinem Kaffee und machte danach eine Grimasse zu Marielle hinüber, die nur bedeuten konnte, sie solle antworten, sie könne das. Ohne Umschweife tat sie wie geheißen: „In einer Selbsthilfegruppe sind wir uns zum ersten Mal begegnet."

„Im Ernst! In einer Selbsthilfegruppe?", fragte ich erstaunt.

„Jaja, genau so war es", sagte Marielle. Und zuckte mit den Schultern.

Ihr Begleiter namens Roberto nickte energisch.

„Was hat euch denn dazu getrieben?", fragte ich aus dem unschuldigen Bedürfnis, die Zusammenhänge zu verstehen, daher ohne jegliche Scheu.

„Es klingt vielleicht pathetisch, aber es ist die Wahrheit. Unser Schicksal verbindet uns", antwortete abermals Marielle.

Roberto, der zwischenzeitlich viel und für meine Begriffe vorwiegend Belangloses geredet hatte, war für eine Weile verstummt. Hatte ihm die Unterhaltung zwischen Marielle und mir die Sprache verschlagen, waren ihm meine Fragen zu pikant erschienen?

Mir leuchtete ein, weshalb Marielle derartige Gesprächskreise nötig hatte, bei Roberto hingegen fehlte mir dieser Zusammenhang. Ich konnte meine Verblüffung vermutlich nur ungenügend verbergen.

Marielle stieß Roberto mit liebevoller Gewalt in die Hüfte, woraufhin er mit belegter Stimme reagierte: „Marielle hats nicht leicht gehabt im Leben. Aber was tut sie? Sie zieht mich aus der Selbsthilfegruppe heraus. Und widmet sich mir seither ganz ausschließlich."

„Wie kommt es?", fragte ich nichts ahnend, auf was Roberto hinauswollte.

„Ich habe mich in der Runde geoutet, also auch vor Marielle. Ich habe davon berichtet, dass mir meine Ärzte nur noch wenige Monate geben."

Während Roberto nun seine verheerende Lage ausführlich darstellte, gingen mir Bilder durch den Kopf. Aufnahmen von zerfressenen Organen, von einem Tumor, der unaufhaltsam seine Wanderschaft durch einen ohnehin von Krankheit und Schwäche gezeichneten Körper antrat.

„Marielle weicht keine Sekunde von mir. Ich kann mich auf sie verlassen. Bis zu meinem letzten Atemzug wird sie für mich da sein. Ich weiß es, ich spüre es."

Nach diesem niederschmetternden Geständnis standen mir Tränen an. Infolge seiner Schilderungen fiel mir Robertos gelblicher Teint auf. Die unterschwelligen Vorurteile, die ich gegen Frauen wie Marielle hegte, begrub ich schlagartig und dauerhaft.

Nachdem ich Marielle mit einer innigen Umarmung verabschiedet

hatte, sah mir Roberto tief in die Augen. Sein Händedruck dauerte eine empfundene Ewigkeit, dabei sagte er ein letztes Wort: „Lebewohl."
Ich würde mir wünschen, dass Roberto noch lebt. In mir hatte sich eilends der Glaube durchgesetzt, bei keinem Gott unter den vielzähligen Göttern könne er besser aufgehoben sein als in der Obhut des Engels Marielle.

Oliver Fahn, *geboren 1980, Pfaffenhofen an der Ilm, Deutschland, Heilerziehungspfleger, verheiratet, zwei Kinder. Kürzliche Veröffentlichungen: „Kindlichkeit" bei etcetera von LitGes St. Pölten; „Die Faust der Nacht" bei ausreißer Die Grazer Wandzeitung; „An der Pforte zur Teilhabe" bei Friedrich Naumann Foundation; „An der Seite des sonderbaren Mannes" für die Anthologie „ungebunden" der Stadt St. Pölten.*

Herz Sieger

Ich riskieren etwas:
Dir ein Freund sein zu können
Ungeachtet alter Schicksalsspuren
Und vergangener Katastrophen
Herz Sieger sind wir

Ingeborg Henrichs, *zuhause in Ostwestfalen. Verfasst meistens kürzere Texte. Schätzt das Schöne und Nützliche in Natur und Kultur. Einige Veröffentlichungen.*

Ein Freund

Wenn ein Freund „hereinspaziert"
und eine Stunde seiner Zeit verliert,
dann verliert er sie nicht wirklich –
auch er wird bereichert und gewinnt,
weil die guten Freunde glücklich sind.

Sieglinde Seiler *wurde 1950 in Wolframs-Eschenbach geboren. Sie ist Dipl. Verwaltungswirt (FH) und lebt mit ihrem Ehemann in Crailsheim. Seit ihrer Jugend schreibt sie Gedichte. Später kamen Aphorismen, Märchen und Prosatexte hinzu. Ferner fotografiert sie gerne. Bislang hat sie bereits über 200 Gedichte im Internet und diversen Anthologien veröffentlicht.*

Mariele Marienkäfer
– Ein Punkt reicht völlig

Es war ein sonniger Tag. Auf einer bunten Blumenwiese tummelten sich zahlreiche unterschiedliche Tiere. Kaninchen hoppelten durch das Gras, Maulwürfe steckten zwischenzeitlich ihre Köpfe aus der Erde, um gleich darauf wieder in ihren unterirdischen Gängen zu verschwinden. In einem Teich sprangen Frösche von Blatt zu Blatt der Seerosen und Heuschrecken hüpften zwischen den Grashalmen hin und her. Raupen sammelten sich auf den Blättern der verschiedenen Blumen und schon entpuppte Schmetterlinge flogen anmutig von Pflanze zu Pflanze. Bienen, Hummeln und Wespen schwirrten über den Blüten umher und in den Bäumen, die die Wiese umgaben und zu einem Wald hinführten, saßen Vögel auf den Ästen und zwitscherten fröhlich ihre Lieder.

Irgendwo dazwischen, inmitten der vielen Tiere auf der Wiese, lebten auch Marienkäfer. Verschiedene Arten, rot, orange, gelb, manche mit mehr, manche mit weniger Punkten. Sie krabbelten über die Blumen, Blätter, das Gras und am Boden oder flogen durch die Luft.

Darunter war auch Mariele Marienkäfer. Das kleine Marienkäfermädchen lebte seit Kurzem mit seinen Marienkäfereltern bei einigen anderen, teils noch fremden Marienkäferfamilien auf der Wiese – die Grünfläche, auf der sie zuvor gewohnt hatten, hatte einer Baustelle der Menschen Platz machen müssen – und meist glich ein Tag dem anderen. Sie tollten auf der Wiese umher, entfernten sich auf Ausflügen zur Nahrungssuche von ihrem Marienkäferdorf und verbrachten die kalten Wintermonate durchaus in wärmeren Gebieten, doch kehrten sie stets in ihre Heimat zurück.

Die meisten Marienkäfer hatten mehrere Punkte und waren ebenfalls sehr gesellig, sodass sie auch mehrere Freunde hatten. Der Marienkäfer mit den meisten Punkten war Bengt. Er hatte auch die meisten Freunde – zumindest schien es so. Doch in Wahrheit gab Bengt nur mit seinen Punkten an und behauptete, etwas Besseres zu sein. Für seine vielen Punkte wurde er bewundert, aber war das wahre Freundschaft?

Mariele Marienkäfer allerdings fand nur schwer Anschluss zu den anderen Marienkäferkindern und fühlte sich allzu oft alleine. Sie selbst hatte zwar auch einige Punkte – sieben Stück, um genau zu sein –, aber eben längst nicht so viele Freunde. Es war für sie eine ziemliche Herausforderung, in einer neuen Gruppe Kontakte zu knüpfen. Da sie bei den anderen Marienkäfern bisher kein Glück gehabt hatte – was eigentlich seltsam war, wenn sie bedachte, dass die Menschen Marienkäfer wie sie als Glücksbringer bezeichneten –, wollte sie es heute woanders versuchen. Sie wollte sich auf die Suche nach Freunden machen, nach richtigen Freunden, vielleicht für jeden ihrer Punkte einen Freund.

Sie beschloss, zuerst den Kaninchen einen Besuch abzustatten. Flink flog sie von der Blume, auf der sie bis eben noch gesessen und Bengt dabei beobachtet hatte, wie er vor seinen vermeintlichen Freunden mit seinen Punkten prahlte. Ihre Flügel schlugen schnell im sanft wehenden Wind, der das Gras sacht hin und her bewegte. In einiger Entfernung erkannte sie bereits die Kaninchen, flatterte auf eines von ihnen zu und wollte gerade fragen, ob es nicht etwas gemeinsam mit ihr unternehmen und ihr Freund sein wollte, da hoppelte das braune Tier auch schon an Mariele Marienkäfer vorbei. Schnell wie der Blitz jagte es über den Rasen und die anderen Kaninchen folgten ihm.

„Keine Zeit, keine Zeit, wir machen gerade ein Wetthoppeln!", rief es noch, bevor es mit den anderen im Wald verschwand.

„Na ja, dann versuche ich es eben bei den Fröschen", dachte Mariele Marienkäfer und flog weiter zum Teich, setzte sich auf eine Seerose und wartete, bis ein Frosch sich auf dem großen Blatt niederließ.

„Hallo", sagte sie mit lauter, fröhlicher Stimme. „Ich bin ..." Doch weiter kam sie nicht. Der Frosch streckte seine Zunge weit heraus, fing eine Fliege, die er genüsslich verspeiste, und hüpfte gleich darauf zum nächsten Blatt.

Etwas enttäuscht, aber keineswegs entmutigt machte Mariele Marienkäfer sich wieder auf den Weg über die Wiese. Sie krabbelte über den Boden und wurde fast von einem großen Haufen Erde überschüttet, aus dem ein Maulwurf gerade nach oben kroch und seinen Kopf an die frische Luft steckte.

„Huch ..." Erschrocken wich Mariele Marienkäfer einen Schritt zurück. Doch gleich darauf ergriff sie erneut die Initiative und fragte freundlich: „Hallo, Herr Maulwurf, haben Sie vielleicht ein bisschen

Zeit zum Spielen? Ich kenne ganz ausgezeichnete Spiele. Bestimmt könnten wir gute Freunde werden."

„Was? Wer spricht da?", fragte der Maulwurf verwirrt. Er konnte nur schlecht sehen und war schon fast wieder unter der Erde verschwunden, während er noch murmelte: „Spielen ... spielen? Ich habe keine Zeit zu spielen. Ich muss die Gänge unter der Erde weitergraben, weitergraben ..." Damit war er verschwunden und Mariele Marienkäfer flog weiter.

„Wenn das so weitergeht, finde ich niemals einen Freund, schon gar nicht so viele, wie ich Punkte habe", dachte sie und machte vor einigen Sonnenblumen, auf denen sich die Bienen herumtrieben, halt.

„Hallo, ihr Bienen! Was macht ihr denn da?", rief sie und flatterte zu ihnen hinauf.

„Hey, Achtung, aus dem Weg!", rief eine Biene und stieß sie unsanft zur Seite.

„Wir sind beschäftigt", ergänzte eine andere.

Und eine dritte meinte missmutig: „Lass uns in Ruhe, wir haben keine Zeit!"

Also flog Mariele Marienkäfer davon. Auch die Hummeln und Wespen hatten zu tun, die Heuschrecken sprangen an ihr vorbei und die Schmetterlinge wichen ihr aus. Schließlich beschloss sie, in den Wald zu fliegen. Dort traf sie auf kleine Käfer, Rehe, ein Eichhörnchen und eine Eule, aber niemand wollte Zeit mit dem kleinen Marienkäfermädchen verbringen. Also setzte es sich auf einen moosbewachsenen Stein und schaute traurig umher, als plötzlich ein Hirsch neben ihm auftauchte. Er wollte gerade an den Zweigen des Baumes, der sich neben dem Stein, auf dem Mariele Marienkäfer saß, knabbern, da entdeckte er sie.

„Na, was ist denn los?", fragte er neugierig. „Du siehst nicht sehr glücklich aus."

„Ach", seufzte Mariele Marienkäfer. „Ich bin auf der Suche nach einem Freund. Aber niemand hat Zeit oder interessiert sich für mich."

„Also, ich habe Zeit", erwiderte der Hirsch. „Ich bin übrigens Osian. Wenn du willst, zeige ich dir den Wald. Hier gibt es unglaublich viel zu entdecken."

Mariele Marienkäfer sah den Hirsch strahlend an. „Wirklich?", fragte sie. „Das wäre toll!"

Osian senkte seinen Kopf und Mariele Marienkäfer kletterte auf sein

Geweih, wodurch sie einen fantastischen Ausblick hatte. Dann machten sich die beiden auf den Weg. Osian stieg über herumliegende Äste, zeigte ihr verschiedene Pflanzen und schließlich erkundeten sie eine dunkle, geheimnisvolle Höhle, die sich in einem riesigen Felsen befand. Irgendwann wurde es Abend und Osian brachte Mariele Marienkäfer zurück auf die Wiese zu ihrer Familie. Die beiden verabschiedeten sich voneinander, verabredeten sich aber bereits für den nächsten Tag.

Mariele Marienkäfer hatte, so klein sie doch war, einen großen Freund gefunden. Doch darauf kam es gar nicht an. Auch nicht auf die Punkte auf ihrem Körper. Selbst wenn sie nur einen Punkt gehabt hätte und nun einen Freund, war es doch entscheidend, wie fest die Freundschaft war und dass sie jemanden gefunden hatte, der sie so mochte, wie sie war, und dem sie vertraute. Ein Punkt – oder besser noch: ein Freund – reichte völlig. Dankbar schlief sie am Abend ein und war gespannt, was sie und Osian in Zukunft gemeinsam erleben würden.

Sarah Sophie Vierheller *wurde 1996 in Darmstadt geboren. Nach dem Abitur studierte sie Deutsch und Evangelische Religion, zuerst in Flensburg, dann in Oldenburg, der Stadt, in der sie derzeit wohnt.*

Mein kleiner, bester Freund

Fluppst,
da hat sich jemand hingelegt,
streckt mir seinen haarigen Bauch entgegen.
Dass man diesen kraulen soll,
versteht wohl ein jeder!

Aber wehe, es ist der Falsche,
der nun kommt,
denn nur von echten Freunden
möchte sich das Kaninchen kraulen lassen,
bis es irgendwann einmal friedlich grunzt.

Mein Freund,
der hört mir immer zu,
doch sprechen tut er nicht;
oder zumindest nicht wörtlich.
Manchmal wird allmählich der Kopf schiefgelegt,
aber meistens lässt er mich erzählen.

Wenn wir zusammen bei uns im Garten sind,
spielen wir Verstecken;
dann läuft er ganz geschwind,
während ich in den Seiten
eines Buches versink.

Wenn ich dann aufschaue,
muss ich suchen gehen,
bis ich ihn irgendwann wiederfind.
Meistens sitzt er nur eine Ecke weiter,

neben dem gelben Auto
in unserer Einfahrt,
wo er geduldig wartet,
bis ich ihn endlich find.

Dann läuft er ganz geschwind
zurück zur Schaukel,
sodass ich erneut in meinem Buch versink.

Wenn wir zurück nach drinnen gehen,
will er stets allein die Treppenstufen erklimmen.
So setze ich seinen Korb am Ende ab,
woraufhin er sich selber
die Stecke entlangbahnt!

Ich komme gar nicht hinterher –
Er ist so schnell!
Auch seinen Käfig findet er stets von allein,
in diesen springt er glücklich rein,
denn so ein Verstecken-Spiel
verbraucht jede Menge Energie!

Fluppst,
hat er sich auf den Rücken gedreht,
sodass ein jeder ihn schlummern sieht.

Catharina Luisa Ilg, *2005 auf die Welt gekommen, geboren und aufgewachsen im Erzgebirge, derzeit Schülerin am sächsischen Gymnasium. Liebt es zu reiten und zu reisen, was ihr beides von ihren Eltern – bei denen sie noch immer wohnt – ermöglicht wird. Arbeitet auf ein baldiges Architektur-Studium hin. Gelegentlich schreibt sie in ihrer Freizeit kurze Gedichte sowie fantasievolle Kurzgeschichten, was ihr einen Ausgleich zum sonst allgemein sehr stressigen Alltagsleben ermöglicht. Hinzukommend hat sie zwei jüngere Brüder, von denen der ältere ebenfalls hobbymäßig ab und an eigene Texte verfasst.*

Das Märchen vom Löwen und der Nachtigall

Es war einmal ein alter Löwe, zu alt schon, um im Königreich der Tiere die Krone zu tragen. Deshalb hatte er auch abgedankt und die Regierungsgeschäfte an einen Jüngeren abgegeben, sodass er jetzt reichlich Zeit hatte, über das Leben und dessen Sinn nachzudenken. Das tat er vornehmlich in Sternennächten, die Tage pflegte er meist zu verschlafen, nun, wo er von den Tagesgeschäften eines Regenten freigestellt war. Da lag er dann unter seinem Lieblingsbaum, blickte in den gestirnten Nachthimmel empor und lauschte neuerdings auch dem Gesang der Nachtigall, die in der Baumkrone eingezogen war.

„Herr Nachtigall, dein Gesang ist berauschend schön, hab Dank dafür, dass du meinem Herzen so viel Freude schenkst!", sagte der Löwe in die Baumkrone hinauf.

„Dein Lob freut mich, lieber Löwe. Ich höre Lob sonst eher selten, denn die meisten verschlafen meine Konzerte", zwitscherte der Vogel von seiner Singwarte herunter und bemühte sich, für den Löwen besonders schön zu singen.

Während der Löwe also beglückt dem kleinen, gefiederten Musikus lauschte, begannen seine Gedanken zu fließen und seine Lebenserinnerungen tauchten vor ihm auf. Einsam war er geworden, jetzt im Alter. Seine Freunde, wohin waren sie verschwunden, ja, hatte er überhaupt je echte Freunde gehabt? Viele derer, die mit ihm die Schulbank gedrückt hatten, lebten nicht mehr, und viele derer, die ihn bei Hofe umgeben hatten, waren wohl nur Speichellecker und Ohrenbläser gewesen und keine Freunde. So viel er auch nachdachte, es fiel ihm auf die Schnelle niemand ein, den er einen Freund hätte nennen können.

„Hast du eigentlich Freunde, Herr Nachtigall?", fragte der Löwe in die Baumkrone hinauf.

„Ich bin nicht mehr der Jüngste, die meisten meiner Freunde sind wohl schon gestorben. Meine Frau lebt auch nicht mehr, ihr muss ich nichts mehr vorsingen, ich singe also eigentlich nur mehr zum Zeitvertreib – und jetzt auch für dich", antwortete der Vogel.

Und beide waren ein wenig zufriedener und genossen den Frieden der Sternennacht, den sie gemeinsam erleben durften.

Am nächsten Tag passierte dem Löwen, als er ein wenig spazieren ging, das Missgeschick, dass er sich einen Dorn in die rechte Vorderpfote eintrat. So sehr er auch daran leckte, er konnte den lästigen Stachel nicht entfernen. Bei Hofe hatte man keine Zeit für ihn und vertröstete ihn auf später, also hinkte er zurück zu seinem Lieblingsbaum und legte sich in dessen Schatten.

Die Nachtigall hatte sich gerade ein paar Mücken gefangen und diese verspeist und fragte vom Baum herunter: „Mir scheint, du hinkst, lieber Löwe. Was ist mit deinem rechten Vorderbein?"

Der Löwe erzählte der Nachtigall, dass er sich einen Dorn eingetreten habe und er ihn nicht entfernen könne. Da schlug der kleine Vogel vor, er könne ja versuchen, den Dorn mit seinem Schnabel zu fassen und herauszuziehen. „Das würdest du für mich tun? Hast du denn keine Angst vor mir? Wo ich dich doch fressen könnte?", wunderte sich der Löwe.

„Von mir allein würdest du wohl kaum satt werden", lachte der Vogel. „Außerdem – was tut man nicht alles für einen Freund?"

Staunend sah der Löwe, dass Herr Nachtigall vom Baum herabflog, sich auf seine Pfote setzte und den Dorn zu suchen begann. Als er die Stelle gefunden hatte, an der der Dorn ein Stück aus der Löwenhaut herausragte, nahm er seine ganze Kraft zusammen und zog so lange daran, bis er ihn entfernt hatte.

„Du hast dich mir als wahrer Freund erwiesen", sprach der Löwe gerührt. „Danke, dass du mir geholfen hast."

„Gern geschehen. Dazu sind Freunde ja da", antwortete Herr Nachtigall zufrieden. „Für Freundschaft ist eben niemand zu groß und niemand zu klein.

Und wenn der Löwe und sein kleiner Freund nicht gestorben sind, so leben sie noch heute und genießen gemeinsam die sternhellen Nächte, die beide so lieben.

Franziska Bauer, geboren 1951, Studium der Russistik und Anglistik in Wien, wohnhaft im Burgenland, pensionierte Gymnasiallehrerin, Schulbuchautorin, schreibt Lyrik, Essays und Kurzgeschichten für Zeitschriften und Anthologien. Publikationen und Lesungen nachzulesen unter: www.galeriestudio38.at/Franziska-Bauer

Eine starke Freundschaft

Ich möchte euch von Klara erzählen.

Als ich Klara kennenlernte, besuchte sie die vierte Klasse der Dorfschule im Ort und war bei den meisten Mitschülerinnen beliebt. Sie hatte blonde, lange Haare und war ein nettes und freundliches Mädchen.

Alles schien in Ordnung zu sein. Aber es schien halt nur so. Denn Klara war oft sehr traurig. Immer wenn sie sich mit ihren Freundinnen traf, wurde sie daran erinnert, dass die Mädchen und auch die Jungen in ihrer Klasse mindestens einen Kopf größer waren als sie. Im Sportunterricht wurde sie häufig ganz einfach übersehen, wenn eine Mannschaft für ein Spiel aufgestellt wurde. Sie fühlte sich ausgeschlossen und isoliert.

Immer wieder versuchten die Eltern, ihr Mut zu machen, aber Klara zog sich mehr und mehr zurück. Oft verbrachte sie die Nachmittage im nahe gelegenen Park und unterhielt sich mit den vielen Vögeln, die ihr gerne Gesellschaft leisteten.

Doch an einem Tag im Sommer, Klara war zu einem kleinen Spaziergang aufgebrochen, war plötzlich alles anders. Kein Vogelgezwitscher, kein Rascheln im Laub und auch der kleine Kauz verhielt sich ungewöhnlich still. Klara hielt den Atem an, sie spürte eine seltsame Unruhe. Was war geschehen?

Langsam ging sie immer tiefer in den Wald hinein, den Blick immer auf den Weg gerichtet. Das Knistern von trockenem Laub unter ihren Füßen war das einzige Geräusch, welches die Stille durchbrach. Sie wusste nicht mehr, wie lange sie unterwegs war, als plötzlich ein lautes Krachen die Stille durchbrach. Klara erschrak und blieb wie angewurzelt stehen.

Eine Weile war es still, doch dann hörte sie ein Geräusch. Ein leises Wimmern war zu hören. Sie atmete tief durch und ging langsam weiter. Nach einigen Minuten tat sich vor ihr eine Lichtung auf. In der Mitte der Waldschneise lag ein riesiger umgestürzter Baum. Als Klara vorsichtig auf den Baum zuging, hörte sie wieder dieses leise Wimmern. Unter dem dichten Laub bewegte sich etwas. Ein kleines Kätzchen, mit weißem Fell und schwarzen Flecken auf dem Rücken, schaute unter dem Gestrüpp hervor. Verzweifelt versuchte es, sich selbst zu befreien. Vorsichtig beuge Klara sich hinunter und griff nach dem Tier. Sie nahm es behutsam hoch und drückte es leicht an sich.

„Sag mal, wo kommst du denn her?"

Klara spürte instinktiv, dass es dem Kätzchen nicht gut ging. Zitternd schmiegte es sich in Klaras Armbeuge und miaute leise.

„Was mache ich nur mit dir? Ich glaube, ich bringe dich zu Onkel Berger in die Tierarztpraxis. Dort kann dir bestimmt geholfen werden."

Gesagt, getan ...

Der Tierarzt schaute etwas unmutig auf seine Uhr, als er Klara mit dem wimmernden Kätzchen auf dem Arm in seinem Wartezimmer sah. „Eigentlich ist meine Sprechstunde längst zu Ende", murmelte er. Doch als er das zitternde Kätzchen sah, lächelte er und öffnete die Tür zu seinem Sprechzimmer.

„Das ist doch Mia, die kleine Katze vom Bauern hier um die Ecke. Der Walter hat sein Kätzchen bereits gesucht."

„Den Walter kenne ich", dachte Klara, „ein unangenehmer Bursche aus der Parallelklasse." Oft war er in Prügeleien auf dem Schulhof verwickelt. Ihm sollte das Kätzchen gehören?

Der Tierarzt hatte inzwischen das verstauchte Bein geschient und dem Kätzchen eine Spritze gegeben. „So, die kleine Mia ist gut versorgt", sagte Onkel Berger und reichte Klara die Katze. „In ein paar Tagen wird sie wieder munter über die Wiese hüpfen. Du kannst sie jetzt hinüber zum Walter bringen."

Ängstlich schaute Klara den Tierarzt an, während sie das Kätzchen an sich drückte.

„Na, nun geh schon, der Walter wird sich freuen, wenn du ihm Mia zurückbringst."

Klara war sich nicht so sicher, doch was sollte sie machen? Mia musste zurück auf den Bauernhof, und so verließ sie zaghaft die Tierarztpraxis und machte sich auf den Weg.

„Was willst du denn hier, hast du heute keine Schule?"

Die Stimme kannte sie. Walter stand am Dielentor und schaute ihr neugierig entgegen.

„Ich bringe dir Mia", murmelte Klara. „Sie hatte sich im Wald verlaufen und ein dicker Zweig war auf ihr Bein gefallen. Sie konnte sich nicht alleine befreien. Wenn ich nicht zufällig dort gewesen wäre, hätte es für Mia schlecht ausgehen können." Klara nahm all ihren Mut zusammen und hielt dem Jungen das kleine Kätzchen hin.

Zögernd schaute Walter zuerst auf die Katze und dann auf Klara. „Du hast meiner Mia das Leben gerettet? Das hast du wirklich getan?" Walter nahm das Kätzchen und strich ganz sanft über das seidige Fell.

Klara lächelte, sie konnte sich nicht vorstellen, dass dieser Raufbold so zärtlich mit einem Kätzchen umgehen konnte.

„Du hast etwas gut bei mir. So etwas hat noch niemand für mich getan."

Klara kam langsam einige Schritte näher und sah Walter fragend an. „Vielleicht darf ich Mia mal ab und zu besuchen?"

Der Junge lachte. „Na klar, wir sind doch Freunde, nicht wahr? Und Freunde besuchen sich doch oft. Und außerdem, wenn du mal ein kleines Problem mit den anderen Jungs aus deiner Klasse hast, ich kläre das, versprochen."

Klara musste lachen. „Ja, einen großen Freund habe ich mir schon immer gewünscht. Aber das mit dem kleinen Problem kläre ich lieber alleine."

Walter schaute verdutzt auf seine kleine Freundin herab. Doch dann hatte er verstanden, was sie damit sagen wollte.

Es ist nicht wichtig, dass man groß und stark ist – was zählt, ist, dass man Mut beweist und damit viel bewirken kann.

Helga Licher *wurde in einem kleinen Ort am Rande des Teutoburger Waldes geboren. Die Autorin findet die Ideen für ihre Geschichten und Romane im Alltag oder bei langen Spaziergängen an der geliebten Nordseeküste.*

Freundschaft ist nicht nur ein Substantiv

Freundschaft ist die bedingungslose Liebe zwischen zwei Menschen, die nicht auf der körperlichen Anziehung beruht. Mein Beitrag ist eine Danksagung an meine beste Freundin Anja W..

Wir lernen von Kindesbeinen an, dass Freunde ein wichtiger Bestandteil des Lebens sind. Am Anfang unseres Lebens ist es das Kind, was sein Spielzeug mit uns teilt, oder das, welches sich für uns einsetzt, wenn wir nicht mitspielen dürfen. Das Mädchen oder der Junge mit dem wir bedingungslos lachen, Schabernack treiben und unvoreingenommen die Welt erkunden.

Wenn wir älter werden, ändert sich unsere Sicht auf viele Dinge. Die Erfahrungen, die wir sammeln, die Ansprüche, die an uns gestellt werden. Auch jene an uns selbst und die, die wir an die Menschen in unserer Nähe stellen. Eine Freundschaft im Jugendalter unterscheidet sich bereits zu der, die wir im Kindergartenalter gepflegt haben. Die Welt prasselt auf uns ein und wir lernen, die kleinen und großen Schwierigkeiten zu ertragen und zu überstehen, sogar zu meistern.

Lernen, dass nicht jeder Stein auf unserem Weg unüberwindbar ist, Gefühle uns sowohl positiv als auch negativ an unsere Grenzen bringen können. Aber wenn wir ganz viel Glück haben, lernen wir einen ganz besonderen Menschen kennen, der in unseren schönsten Momenten und in den dunkelsten Stunden bei uns ist. Der neben der eigenen Familie auch lebenslanger Bestandteil unseres Lebens wird. Die Hand, die uns vor dem Abgrund bewahrt und uns einfach so in den Arm nimmt, weil sie uns liebt und gemeinsam mit uns glücklich ist.

Meine beste Freundin Anja ist dieser Mensch für mich geworden. Wir haben uns erst vor 10 Jahren kennengelernt und auch wenn es keine klassische Sandkastenfreundschaft, aufgebaut über ein Leben lang, ist, ist sie für mich einer der wichtigsten Menschen in meinem Leben. Wir waren Arbeitskollegen, Bekannte, Freunde, später beste Freunde. Heute sind wir füreinander Familie geworden, Seelenverwandte.

Unsere Seele ist der Teil von uns, der die Gesamtheit aller Gefühlsregungen widerspiegelt. Der Teil, der uns ausmacht und zu dem Individuum macht, was wir sind. Die völlige Akzeptanz und Toleranz der positiven als auch der negativen Seiten an uns und das bedingungslose Anerkennen des anderen Menschen, wie er ist, ohne ihn verändern zu wollen. Das bedeutet für mich wahrhaftige Freundschaft. Und ich habe das große Glück, so einen Menschen, den wahren Freund/die wahre Freundin gefunden zu haben.

Liebe Anja, unsere Freundschaft ist für mich eine der reinsten Formen der menschlichen Zuneigung und Liebe, vergleichbar mit der Liebe zu meinen Kindern. Sie ist ebenso wahrhaftig und bedingungslos.

Wenn ich Google frage, finde ich die folgende Definition für Freundschaft:

Freundschaft ist ein auf gegenseitige Zuneigung beruhendes Verhältnis von Menschen zueinander. Ein Verbundenheitsgefühl, Sympathie und Vertrauen. Freundschaft ist aber noch so viel mehr.

Für mich ist es ein Ausdruck unserer Freundschaft, wenn du mir ein aufmunterndes Lächeln schenkst, wenn ich es brauche. Dass ich dir meine tiefsten Gefühle und Geheimnisse anvertrauen kann, ohne verurteilt zu werden. Die Hilfe, nach der ich dich nicht fragen muss, weil du sie anbietest. Das Zuhören und füreinander da sein, wenn ich ganz still werde. Das Erkennen meiner Gefühle, auch wenn ich nichts sage. Das Wissen, dass wir unser größtes Glück, aber auch den tiefsten Scherz miteinander teilen und fühlen können. Der Trost und manchmal auch die Stimme, die mich wieder zur Vernunft bringt, wenn ich von meinem eigenen Weg abkomme. Die Momente, in denen wir lachen, bis uns die Luft wegbleibt. Die gemeinsamen Erinnerungen, die wir schaffen, und die zukünftigen, die wir bereits planen. Die wilden Umarmungen und die Nähe, die du mir aus freiem Herzen so oft schenkst. Deine feurige und leidenschaftliche Seite, wenn ich zu vernünftig bin.

Wir akzeptieren und tolerieren uns in jeder Situation, auch wenn es manchmal schwerfällt. Das Zugeständnis der kleinen und großen Schwächen, die eigentlich gar keine sind. Wir alle haben uns im Laufe unseres Lebens zu der Person entwickelt, die wir heute sind. Liebe und Schmerz, Verlust und Freunde, Erfolg und Misserfolg, Vertrauen und Vertrauensmissbrauch – alle diese Erfahrungen und mehr machen uns zu der Person, die wir heute sind. Und du nimmst mich genauso an, wie ich bin. Und ich dich! Manchmal sind wir hoffnungslos romantisch, eifersüchtig, schnell gereizt, zickig, euphorisch, ungeduldig, pessimistisch, aufgedreht, etwas verrückt, peinlich, leidenschaftlich, anstrengend, verschlossen, traurig, in unser gekehrt, lächerlich, kreativ, gelangweilt, was auch immer.

Es ist völlig egal, wie wir uns gerade zeigen, wie wir fühlen oder welche Emotion uns beherrscht. Wir haben gelernt, den Menschen hinter den augenblicklichen Gemütszuständen zu sehen.

Du siehst mich und ich sehe dich!

Das ist Freundschaft.

Viele Partnerschaften verändern sich im Laufe eines Lebens, die Kinder werden groß und gehen ihre eigenen Wege und auch wir müssen uns in verschiedenen Lebenssituationen selbst wiederfinden und neu ausrichten. Das ist der Lauf der Dinge. Das Leben, welches uns jeden Tag vor neue Herausforderungen und Erfahrungen stellt.

Aber ich weiß, dass wir diese Wege gemeinsam gehen werden und auch mit hoffentlich 75 Jahren gemeinsam in Italien einen Wein trinken und über die alten Zeiten lachen werden.

Danke für dieses besondere Gefühl, welches mich jeden Tag begleitet.

In tiefer Verbundenheit
Nadin

Nadin Kadner *ist 35 Jahre alt und lebt in Werder an der Havel. Sie schreibt leidenschaftlich gern, weil sich in den Momenten alles leicht anfühlt. Kreativ zu sein, entspannt sie. Das ist das perfekte Kontrastprogramm zu ihrem Job.*

Fremde Freunde

Es war mir schon lange klar, dass mein Leben den Bach runterging. Ich war allein, hatte keinen Spaß mehr an den Dingen, mit denen andere Leute sich beschäftigen, machte lustlos meine Arbeit im Büro und schlief nachts tief, weil es nichts gab, an das ich denken mochte in der Dunkelheit.

Ich aß, um nicht zu verhungern, trank, um nicht zu verdursten, und las die Zeitung, um nicht zu verblöden, aber ich fühlte nichts dabei. Mein Leben war zur Routine geworden, die, ich weiß nicht mehr wann, begonnen hatte und irgendwann in Belanglosigkeit enden würde, wenn meine Zeit gekommen war.

Auch heute noch könnte ich schwerlich erklären, weshalb ich damals die halbherzig ausgesprochene Einladung eines Geschäftspartners zu seiner Geburtstagsfeier annahm. Der Tag rückte schneller heran, als mir lieb war, und ich wusste, es konnte nur schrecklich werden. Aber ich wollte nicht kneifen. Also kaufte ich eine Flasche Whisky für den Gastgeber und machte mich auf den Weg. Die Begrüßung war höflich distanziert, der Glückwunsch mit Händedruck schnell ausgesprochen. Mein Geschenk wurde achtlos auf einem Beistelltisch in der Diele abgestellt. Ein kurzes: „Bis später dann", und der Jubilar verschwand in den Weiten des Bungalows.

Ich schlenderte durch das große Wohnzimmer, dessen Terrassentüren weit offenstanden, in den weitläufigen Garten, nahm einen Prosecco von einem Tablett und sah mich um. Die Gäste standen in Grüppchen. Es wurde offenbar viel getrunken und viel gelacht. Wie zu erwarten gewesen war, kannte ich niemanden. Verunsichert trat ich in den Schatten einer Hecke, um als einziger Gast ohne Gesprächspartner keine Aufmerksamkeit zu erregen, und überlegte, ob ich mich gleich wieder aus dem Staub machen sollte. Unentschlossen nippte ich an meinem Glas.

Erst als er direkt vor mir stand, wurde ich eines Mannes gewahr, der mich erstaunt ansah. „Bist du es?", rief er aus. „Bist du es wirklich?"

War ich es?

„Mensch, alter Junge, kennst du mich nicht mehr?"

Er schien enttäuscht. Ich schaute ratlos in sein von Falten gezeichnetes Gesicht und sagte: „Natürlich kenne ich dich."

Natürlich kannte ich ihn nicht, war mir sicher, ihn noch nie zuvor gesehen zu haben.

„Wie könnte ich dich vergessen haben?", sprach ich weiter, ohne mir selbst klar darüber zu sein, weshalb ich das tat.

Sein Gesicht verdüsterte sich.

„So natürlich ist das nicht. Die anderen haben mich vergessen. Ich habe schon ewig nichts mehr von ihnen gehört. Ich weiß nicht einmal, ob sie überhaupt noch leben. Ist das nicht schlimm?"

„Gräm dich nicht", tröstete ich ihn. Ich fand irgendwie Gefallen an der Situation und setzte nach: „Sie sind es nicht wert, dass man um sie trauert."

„Recht hast du! Ich werde sie einfach vergessen." Und lächelnd stellte er fest: „Jetzt habe ich ja dich wiedergefunden."

Doch seine Stimmung wechselte abrupt, und vorwurfsvoll fuhr er fort: „Aber auch du hast mir nicht mehr geschrieben. Ich habe immer auf eine Nachricht gewartet, aber kein einziges Mal hast du dich gemeldet. Warum nur?"

Ich versuchte, seinem anklagenden Blick auszuweichen, aber es gelang mir nicht. „Es war eben ..." Ich suchte nach einer Rechtfertigung. „Es war einfach so, dass ich glaubte, du seiest tot."

Seine Kinnlade klappte herunter.

„Das war ich auch", nickte er eifrig. „Ich hätte nie gedacht, dass sich das herumspricht. Tatsächlich habe ich viel gelitten, bevor es dann mit mir zu Ende ging. Aber jetzt bin ich ja wieder auf dem Damm."

„Und das ist wohl die Hauptsache", bestätigte ich ihm.

Er war offenbar verrückt. Mir schien nun Vorsicht geboten. Ich wollte ihn nicht vor den Kopf stoßen. Er war ein stämmiger Bursche. Am besten war es wohl, auf ihn einzugehen. So fragte ich ihn: „Und woran bist du denn gestorben?"

„An Einsamkeit", bekannte er mit Grabesstimme, „die schrecklichste aller Todesursachen. Kannst du dir vorstellen, was es heißt, an Einsamkeit zu sterben?"

„Nein, das kann ich wirklich nicht", log ich. „Aber es tut mir von Herzen leid, dass es dir so schlecht ergangen ist."

Die Situation hatte den Reiz verloren, den sie anfangs für mich besessen hatte. Der Kerl war unheimlich. Leises Unbehagen beschlich mich.

Der Fremde sah mich eindringlich an, der Blick unstet und wachsam, die Lippen zusammengepresst. Was ging wohl hinter dieser gefurchten Stirn vor? Was erwartete er von mir?

„Mann, was guckst du denn so belämmert! Es scheint mir nicht gerade, als seiest du übermäßig froh, dass wir uns getroffen haben."

„Wie kannst du nur so etwas sagen?", tat ich empört. „Ich habe dich doch auch vermisst."

Das besänftigte ihn.

Ich überlegte, wie ich ihn loswerden könnte, ohne ihn gegen mich aufzubringen. Nach wie vor empfand ich meine Lage als bedenklich und spürte, dass ich immer nervöser wurde.

„Mein Gott, was für ein Zufall", rief da plötzlich eine Stimme hinter mir.

Ich drehte mich um und sah einen Unbekannten, der freudestrahlend auf uns zukam. Noch ein Verrückter!

„Ich habe doch ein Glück", sprach er weiter. „Erst sieht man jahrelang keinen mehr und jetzt treffe ich gleich euch beide."

Mein erster *Freund* konnte, wie es schien, mit dem Neuankömmling genauso wenig anfangen wie ich.

„Ihr müsstet euch mal sehen können! Steht da wie die Ölgötzen! Ich weiß ja nicht, aber unser Wiedersehen hatte ich mir anders vorgestellt."

Mir fiel keine passende Antwort ein. Aus diesem Grund machte ich spontan den Vorschlag, gemeinsam die Hausbar unseres Gastgebers zu suchen, um mit etwas Stärkerem anzustoßen. „Das ist immer noch besser", dachte ich mir, „als weiter mit den zwei Irren im dämmrigen Garten zu stehen."

„Ah, endlich wieder der Alte", rief unser neuer Freund aus. „So habe ich es gern! Aber wisst ihr was? Hier ist doch sowieso tote Hose. Lasst uns unser Wiedersehen in einer ordentlichen Kneipe begießen!" Er legte seine Arme um unsere Schultern und wir machten uns widerspruchslos auf den Weg. Schon zwei Straßen weiter fanden wir ein Lokal, das den Zuspruch meiner Begleiter fand. Der Gastraum war gemütlich, holzgetäfelt, mit Geweihen an der Wand.

Wir tranken ein Glas Wein. Wir tranken zwei Gläser, dann jeder ein drittes, erzählten uns dabei wie alte Freunde, was wir die ganzen

Jahre über gemacht hatten. Und während wir sprachen und lachten, spürte ich, wie in mein Inneres ein wohliges Gefühl zurückkehrte. Ich bezeichnete die beiden Fremden immer wieder als Freunde und hatte dabei nicht mehr das Gefühl, zu heucheln. Als die alte Standuhr Sperrstunde meldete, brachen wir ein wenig unwillig auf. Am nächsten Tag wollten wir uns wieder treffen.

Etwas beschwipst und mit gelöster Brust ging ich durch leichten Nieselregen nach Hause. Einmal hüpfte ich sogar übermütig auf einem Bein und belächelte mich selbst dabei. Ich freute mich auf morgen.

Helmut Blepp, *geboren 1959 in Mannheim, Studium Germanistik und Politische Wissenschaften, selbstständig als Trainer und Berater für arbeitsrechtliche Fragen; lebt mit seiner Frau in Lampertheim an der hessischen Bergstraße. Veröffentlichungen: vier Lyrikbände; zahlreiche Beiträge in deutschsprachigen Zeitschriften und Anthologien.*

Sprachferien in Torquay, England

Sprachferien in Torquay, England, versus Fremdsprachenbarriere

Könnt ihr euch noch an eure ersten Sprachversuche in anderen Sprachen erinnern? Welches war eure erste Fremdsprache, die ihr in der Schule gelernt habt? Wie war es für euch, mit anderen in einer Fremdsprache in Kontakte zu treten? Etwas unsicher? Oder selbstverständlich? Erinnert ihr euch an eure ersten Anwendungen von Fremdsprachen außerhalb der Schule?

Ich möchte euch von meinen ersten Anwendungen der englischen Sprache in der Praxis erzählen. Es war Ostern 1995. Da meine Eltern einen Blumenladen besaßen, durch den sie selbstständig waren, hatte ich das Glück, in meiner Kindheit und Jugend viel und früh vereisen zu dürfen. Ich stieß damals, ähnlich wie bei meinem USA-Aufenthalt, der 1997 folgte, auf aushängende Werbeplakate, die Sprachferien in England anpriesen. Ich war direkt Feuer und Flamme. Diese Idee ging mir einfach nicht mehr aus dem Kopf. Glücklicherweise brauchte ich meine Eltern nicht lange überreden, da die Sprachferien Schulstunden mit nativen Lehrern beinhalteten und sich somit auf meine Sprachkenntnisse in Englisch auswirken würden. Wir fuhren zu dritt zu einem Informationsabend, der damals über die Sparkasse lief, und hörten aufmerksam zu, was man uns zu Sprachferien in England berichtete. Die Inhalte habe ich leider vergessen. Ich weiß nur noch, dass wir dort waren und meine Eltern mich daraufhin anmeldeten.

Nun hieß es: „Aloha, drei Wochen Torquay, England ... ich komme!"
Aufgeregt erzählte ich damals meinen Klassenkameraden davon. Ich erinnere mich zu gut an die Rückmeldungen: „Dass du dich das traust! Du bist doch gar nicht so gut in Englisch."

Nun. Ich war still, aber ich hatte dennoch durchschnittliche Leistungen. Und ich bin heute sehr froh darüber, dass ich damals dickköpfig meine Ideen einfach durchsetzte und mich wenig von anderen abbringen ließ. Es gab wenig Irrläufer. Und England war eine Idee, die ich aufgrund meiner Begeisterung von der Ortschaft zweimal umsetzte. Aber genug drumherum erzählt.

Der Tag der Abreise näherte sich. Meine Mutter war so nett, mich zum Frankfurter Flughafen zu fahren. Warum auch immer, das Projekt schien nur mit dem Frankfurter Flughafen zu kooperieren. Köln oder Düsseldorf wären für uns wesentlich näher gewesen. Wohl auch wesentlich kleiner. Ich bekam das erste Mal so etwas wie Muffensausen, als ich die Größe des Geländes des Frankfurter Flughafens sah. Innen gab es mehrere kleine Inseln. Hier hätten wir ohne Hilfe von Flughafenpersonal den Treffpunktschalter für uns Sprachteilnehmer nicht gefunden. Es waren bereits einige Schüler vor Ort und eine Reiseleitung. Meine Mutter verabschiedete sich, während ich meine Weiterreise antrat. Ganz allein. Wow! Aufregend!

Die Aufregung legte sich jedoch, als ich mitbekam, dass wir zu zweit in einer Gastfamilie leben würden. Zu zweit konnte man sich auf jeden Fall verständigen, so dachte ich, doch meine Mitkameradin war wenig gesprächig. Wir lernten uns bereits während der Busreise kennen und fanden heraus, dass wir sogar aus demselben Ort kamen und dieselbe Schule besuchten. Welch Zufall. Und doch war kaum ein Gesprächswechsel da. Allerdings unterhielt sie sich auch kaum mit der Gastfamilie. Ihr gefiel es in Torquay nicht und sie wollte nach Hause!

Um nicht das Bild zu erwecken, dass wir Deutschen arrogant sind, versuchte ich, das Nichtgespräch meiner Mitreisenden wieder wettzumachen. Unsere Gasteltern waren ein älteres Paar, die einen Bernhardiner besaßen. Wir hatten uns direkt gegenseitig ins Herz geschlossen. Vielleicht lag es auch daran, dass er jeden Morgen mein englisches Weißwürstchen bekam. Sobald keiner hinsah, verschwand es heimlich in seinem Maul! Ich mochte einfach keine Weißwürstchen zum Frühstück. Ich wollte allerdings auch nicht unhöflich sein und ablehnend wirken und versuchte zumindest alles, was man uns anbot. Irgendwann schaffte ich es, dass man Toast mit Marmelade anbot.

Nach dem Frühstück ging es tagtäglich, bis auf samstags und sonntags, zu einem Schulgebäude. Die einheimischen Schüler hatten zu dieser Zeit Ferien, doch uns wurden native Lehrer bereitgestellt, die uns bis vier Uhr nachmittags unterrichteten. Danach gab es einige feste Unternehmungen, die wie eine Art Stundenplan mitgegeben wurden, und es gab freie Zeiten. Es gab Ausflugsmöglichkeiten wie zum Beispiel nach Dartmoor. Dartmoor ist das wahrscheinlich berühmteste

Moor in England. Unzählige Filme haben hierüber schon versucht, gruselige Atmosphären einzufangen. Wenn man hier allerdings schon einmal unterwegs gewesen war, ging die Atmosphäre etwas verloren, sobald man einen Gruselfilm aus der Gegend sah. So war es zumindest im Nachhinein beim Filmeansehen bei mir. Auch sahen wir eine Gruppe frei laufender Wildpferde. Für mich als Reiterfreundin und damaliger Pferdeliebhaberin das Highlight der ganzen Tour. Das Bild hat sich bis heute tief in mein Gedächtnis geprägt, da ich zum Beispiel auch schon auf Mallorca in einer Region war, wo es zu einem Naturreservoir hieß, hier wären Wildpferde unterwegs. Doch für mich war das kein Vergleich. Das Naturreservoir auf Mallorca war zwar großflächig, doch eingezäunt. Die Wildpferde in Dartmoor konnten das gesamte Gebiet frei nutzen. Das sind für mich schon Unterschiede, wenn man die Bezeichnung Wildpferde verwendet. Es mag sein, dass die Pferde in Mallorca nicht geritten, nicht in Ställen gehalten und von Menschen gefüttert werden und somit wie wild leben, aber sich komplett frei bewegen können sie nicht. Und da ist für mich der ausschlaggebende Punkt. Aber genug von den Wildpferden. Wäre vielleicht mal ein anderes Thema!

Vielleicht interessieren noch einige Randinfos zu Torquay. Torquay gilt übrigens auch heute als ein populärer Küstenurlaubsort in England, wegen seines gesunden Klimas. Und das nahm ich damals bei jedem Ausflug und Spaziergang mit der Gastmutter und dem knuddeligen Hund war. Damals wusste ich noch nicht, dass ich an Bronchitis litt, doch heute kann ich mir erklären, warum ich auf Luftunterschiede und Luftqualitäten reagiere. Torquay war für mich eine Wohltat. Bei eigenen Wanderaktivitäten merkte ich zwar, dass ich leistungsfähiger war als daheim, doch die Ursachen verstand ich erst Jahre später.

Und die Freundlichkeit der Leute. Die prägte. Der offene Umgang führte dazu, dass ich mich mehr und mehr traute, Englisch anzuwenden. Ich erinnere mich noch gut daran, dass meine Motivation so gestiegen war, dass ich in Klassendiskussionsparts aktiver teilnahm als daheim.

Der Kontakt zu den Gasteltern bestand damals im Anschluss per Brief und führte dazu, dass ich bei meinem zweiten Aufenthalt direkt wieder zu ihnen kam. Englisch war längst kein Hindernis mehr in der Unterhaltung und ich würde behaupten, dass diese beiden Ausflüge damals Grundbausteine dafür waren, dass ich einen einjährigen USA-

Aufenthalt umsetzte und die Kontakte meines USA-Aufenthaltes noch bis heute habe sowie zwei englische Patenkinder meiner besten Freundin in England, die wohl in Nottingham wohnt.

Dort war ich auch schon zu Besuch und habe viele Sehenswürdigkeiten gesehen wie Nottingham Castle oder die älteste Bierbrauerei in England, wo wir uns durch verschiedene Biersorten testen und Wanderungen im Sherwood-Forest machten.

Wenn man Fremdsprachen beherrscht, geht man meines Erachtens eigentlich selbstsicherer in Kontakte und kann auch viel sicherer Freundschaften knüpfen und wer weiß, vielleicht entstehen dann auch so tolle Freundschaften wie zwischen mir und meiner englischen Freundin, sodass man deren Wohnorte früher oder später auch einmal besuchen kann.

Also – nur Mut beim Austausch in Fremdsprachen. Man hat eigentlich nichts zu verlieren, sondern man kann nur an Wissen, Kontakten und Erfahrungswerten hinzugewinnen.

Vanessa Boecking: *Autorin verschiedener Genres. „Damian, der Zauberer" Fantasy/Märchen, „Osiris, die Supermumie", Fantasy/Manga.*

Lucifer und Robin

Eines Tages, als die Sonne besonders hell scheint, beschließen Lucifer, das kleine Glühwürmchen, und Robin, die stolze Antilope und beste Freundin von Lucifer, das Abenteuer ihres Lebens zu starten. Sie wollen den geheimnisvollen Wald der Träume erkunden. Der geheimnisvolle Wald der Träume ist wie ein zauberhafter Ort, den Lucifer und Robin noch nie zuvor gesehen haben. Die Bäume sind so hoch, dass sie den Himmel zu berühren scheinen. Ihre Blätter schimmern in den schönsten Farben des Regenbogens. Sanfte Melodien der Vögel füllen die Luft. Die Wege im Wald sind mit funkelnden Glitzersteinen gesäumt, die bei jedem Schritt der Freunde leise klingen. Die Blumen am Wegesrand öffnen sich in verschiedenen Formen. Sie strahlen in lebendigen Farben. Ein süßer Duft von ungewöhnlichen Früchten liegt in der Luft, die es nur im Wald der Träume gibt. Als Lucifer und Robin fröhlich durch den Wald hüpfen, stehen sie plötzlich vor einer riesigen Wasserbarriere. Einem großen, funkelnden Fluss, der ihren Weg versperrt. Lucifer legt seine kleine Käferstirn in Falten und schaut mit großen Kulleraugen zu Robin: „Oh, das ist aber wirklich groß!"

Robin lächelt beruhigend und sagt: „Keine Sorge, kleiner Freund, wir schaffen das zusammen."

Sie lädt Lucifer auf ihren Rücken ein und Lucifer klammert sich fest. Mit einem entschlossenen Hüpfer beginnt Robin, von einem glatten Stein zum nächsten zu springen, als wäre es ein lustiges Spiel. Das Wasser plätschert fröhlich. Ab und zu spritzt ein kleiner Tropfen hoch in die Luft. Robin achtet darauf, dass Lucifer sicher sitzt und nicht nass wird. Sie hüpfen gemeinsam von Stein zu Stein, bis sie triumphierend das andere Ufer erreichen.

Dort angekommen, spüren sie, wie ihre Freundschaft sie gestärkt hat. Nachdem Lucifer und Robin den glitzernden Fluss überquert haben, entdecken sie eine geheimnisvolle dunkle Höhle, die wie ein riesiger Eingang in den Berg aussieht. Robin zittert ein wenig, als sie die Dunkelheit sieht, aber Lucifer steht fest an ihrer Seite und sagt liebevoll:

„Gemeinsam sind wir stark, große Freundin! Ich bin ein Lichtträger. Fürchte dich nicht, ich bin bei dir." Lucifer zwinkert Robin zu und strahlt mit seinem Hinterleib ein warmes Licht aus, das die Dunkelheit der Höhle vertreibt. Die Wände leuchten auf. Robin schaut erstaunt um sich und merkt, dass die Höhle gar nicht so unheimlich ist, wie sie anfangs dachte. Fröhlich beginnt Lucifer Schleifen zu fliegen und die Höhle weiter zu erkunden. Die beiden Freunde entdecken geheimnisvolle Zeichnungen an den Wänden, die von vergangenen Abenteurern erzählen. Robin erzählt Lucifer von den Legenden, die besagen, dass diese Höhle der Pfad zu den aufregendsten Träumen ist.

Gemeinsam setzen sie ihren Weg durch die Höhle fort. Mit jedem Schritt wächst Robins Selbstvertrauen. Die Dunkelheit wird nicht nur von dem glimmenden Hinterleib ihres Freundes vertrieben. Nein, auch von ihrer Freundschaft mit dem kleinen, leuchtenden Käfer. Am Ende der Höhle erwartet sie das strahlende Licht der Sonne, das sie ins nächste Kapitel ihres Abenteuers führt.

Robin lächelt fröhlich und denkt: „Mit einem starken Freund an meiner Seite gibt es nichts, wovor ich mich fürchten muss."

Als Lucifer und Robin die Höhle verlassen, gelangen sie zu einer sonnendurchfluteten Lichtung, auf der sich andere Tiere versammelt haben. In der Mitte der Lichtung entdecken Lucifer und Robin einen klaren Teich. Das Wasser schimmert magisch und spiegelt die Träume der Tiere im Wald wider. Hier treffen sie freundliche Schmetterlinge, die Geschichten aus vergangenen Träumen erzählen. Die Sonne, die durch die Blätter des Waldes glitzert, streichelt ihre Gesichter. Die beiden Freunde lachen vor Freude über ihre erfolgreichen Flussüber- und Höhlendurchquerungs-Abenteuer. Ihr Mut und ihre Zusammengehörigkeit haben sie einen Schritt näher zum geheimnisvollen Wald der Träume gebracht. Neugierige Eichhörnchen, bunte Libellen und freundliche Vögel schauen die beiden Freunde an. Doch plötzlich hören sie leises Gemurmel und einige Tiere beginnen zu lachen, als sie Lucifer, das kleine Glühwürmchen, sehen.

Lucifer fühlt sich zunächst unsicher, aber Robin, die stolze Antilope, stellt sich schützend vor ihn und sagt selbstbewusst: „In unserer Freundschaft steckt die größte Kraft!"

Ihre Worte hallen über die Lichtung. Die anderen Tiere verstummen. Robin ermutigt Lucifer, sich genauso zu zeigen, wie er ist. Mit einem beherzten Flug schnell Lucifer vor und erzählt von ihren Abenteuern. Von der Überquerung des Flusses und der Entdeckung der geheimnisvollen Höhle. Die anderen Tiere beginnen zu verstehen, dass wahre Stärke nicht nur in der Größe liegt, sondern in der Freundschaft und dem Mut, man selbst zu sein.

Gemeinsam mit den anderen Tieren erleben Lucifer und Robin fröhliche Momente auf der Lichtung. Die anfänglichen Lacher verwandeln sich in gemeinsames Lachen. Die Botschaft von Lucifer und Robin verbreitet sich wie der Duft frischer Blumen im Wind – dass es im Leben nicht darauf ankommt, wie groß oder klein man ist, sondern darauf, wie groß das Herz und die Freundschaft sind. Lucifer und Robin setzen sich unter einen großen Traumbaum, der bunte Blüten trägt. Hier spüren sie die Wärme der Freundschaft und verstehen, dass der Wald der Träume nicht nur ein magischer Ort ist, sondern auch ein Ort, an dem Freunde für immer zusammenhalten können.

Simone Lamolla *erblickte 1979 im Bundesland Schleswig-Holstein das Licht der Welt. Sie ließ sich zur Bürokauffrau ausbilden und ist nun seit über 22 Jahren in einer mittelständischen Firma in Norddeutschland als Abteilungsleiterin tätig. In ihrer Freizeit hält sie sich gerne im Kleingarten oder bei langen Spaziergängen an der Ostsee auf. Einige ihrer Kurzgeschichten wurden bereits in Anthologien bei verschiedenen Verlagen veröffentlicht. Man findet sie auf Instagram unter: https://instagram.com/ la_mone_hansedeern.*

Pferd und Frosch

Ein stolzes Pferd stand auf der Wiese,
da kamen Brummer, richtig fiese.
Sie summselten um's Pferd herum,
dem wurde es schon bald zu dumm.

Der Bauer brachte brav und treu
dem guten Pferd sein Bündel Heu,
das kaute schmatzend auf den Ähren
und könnte sich wohl kaum beschweren.

Im Heu, ganz gut und tief versteckt,
würde ein Frosch im Schlaf geweckt.
Er musste grade müde gähnen,
saß er dem Pferd schon auf den Zähnen.

„Nanu, ich bin Gevatter Frosch,
was mach ich da auf deiner Gosch?
Du willst mich nicht etwa verdauen
und mir die Lebensfreude klauen?"

Das Pferd, es schaute recht verdattert:
„Mein Gott, was hab' ich da ergattert?
Grüner Geselle, mach dich wacker
von meinem frisch gepflügten Acker!"

Der Frosch jedoch sah das nicht ein,
erwiderte mit einem: „Nein", und sprach:
„Machen wir einen Deal.
Die Mücken sind dir doch zu viel.

Ich bleib' bei dir als dein Geselle
und fang' die Biester auf die Schnelle.
Dann wirst du sagen: Gott vergelt's,
die jucken mich nicht mehr am Pelz!"

Und so geschah's, dass Frosch und Pferd,
bevor der Ärger weiter gärt,
ein ganzes Jahr zusammen bleiben
und so die Mückenbrut vertrieben

Der Frosch, er wurde dick und fett,
das Pferd, es wirkte sehr adrett,
den Fliegen hat es nichts genutzt,
sie wurden rasch vom Frosch verputzt!

Manfred Luczinski *ist 59 Jahre alt und lebt in Baden Württemberg. Seit nunmehr zehn Jahren schreibt er Gedichte über unterschiedliche Themen. Außerdem hört er gerne Musik.*

Lila, das goldene Reh

In einem verwunschenen Wald, erfüllt von Geheimnissen und Zauberei, lebte ein kleines Reh namens Lila. Die alten Bäume erzählten flüsternd Geschichten, wenn der Wind durch ihre Zweige strich, und nachts funkelten die Sterne wie Diamanten am tiefdunklen Himmel. In diesem Wald, wo jedes Blatt und jeder Stein seine eigene kleine Geschichte zu haben schien, lebten viele Tiere in Frieden zusammen. Aber kein Tier war so einzigartig wie Lila, das Reh mit dem strahlend goldenen Geweih.

Doch Lila war nicht immer das goldene Reh, das sie jetzt war. Als sie noch ein junges Rehkitz war, entdeckte sie einen funkelnden, farbenfrohen Stein, der besonders in Goldtönen leuchtete. Nacht für Nacht schlief sie dicht neben diesem Stein, bis in einer besonderen Nacht etwas Zauberhaftes geschah. Der Mond stand voll und klar am Himmel und sein silbernes Licht verband sich mit der Magie des Steins. Als Lila am nächsten Morgen erwachte, trug sie ein goldenes Geweih, das im Sonnenlicht funkelte. Von diesem Tag an wurde sie im ganzen verzauberten Wald als das goldene Reh bekannt.

Die anderen Tiere im Wald waren von Lila sehr überrascht. Ihr glänzendes Geweih war so ungewöhnlich, dass sie unsicher waren und lieber Abstand hielten. Die Eichhörnchen tuschelten leise untereinander, wenn Lila vorbeiging. Die Vögel verstummten in ihren Gesängen und selbst die sonst so mutigen Füchse wagten es nicht, ihr zu nahe zu kommen. Lila verstand nicht, warum ihr besonderes Geweih bei den anderen Tieren für Furcht sorgte. Sie wünschte sich so sehr, einfach nur eines der Tiere im Wald zu sein, und hoffte, dass jemand ihr freundliches Herz erkennen würde.

So verbrachte Lila viel Zeit alleine. Sie streifte durch den Wald, lauschte dem Wind, der Geschichten erzählte, und blickte zu den funkelnden Sternen empor. Trotzdem gab sie die Hoffnung nicht auf. Lila träumte davon, Freunde zu finden, die sie genauso mochten, wie sie war – nicht wegen, sondern trotz ihres besonderen Geweihs.

An einem sonnigen Morgen suchte sich Lila einen friedlichen Platz am Ufer eines Baches. Die Sonnenstrahlen tanzten durch das Blätterdach und spiegelten sich auf der Wasseroberfläche. Sie beugte sich hinab, um aus dem kühlen, klaren Wasser zu trinken, das sanft über die Kieselsteine gluckste. Um sie herum war das leise Rauschen der Blätter und das fröhliche Zwitschern der Vögel zu hören. Doch mitten in dieser friedvollen Stimmung hörte Lila etwas Ungewöhnliches – ein leises, trauriges Schluchzen.

Neugierig und voller Sorge folgte Lila dem Klang des Weinens. Sie schritt vorsichtig durch den Wald, ihre Hufe kaum hörbar auf dem weichen Boden. Je näher sie kam, desto lauter wurde das Weinen. Bald erreichte sie eine kleine, sonnendurchflutete Lichtung. Dort, am Fuße eines alten Baumes, entdeckte sie die Quelle der Traurigkeit: einen kleinen, bunt gefiederten Vogel mit einem verletzten Flügel.

Ganz behutsam näherte sich Lila dem kleinen Vogel, um ihn nicht zu erschrecken. Sie neigte ihren Kopf und sprach mit einer Stimme, die so sanft war wie das Plätschern des Baches: „Kleiner Vogel, warum weinst du?"

Der Vogel sah überrascht auf und antwortete leise: „Ich heiße Kira. Ich bin von einem Ast gefallen und jetzt ist mein Flügel verletzt. Ich kann nicht mehr fliegen."

Lila überlegte, wie sie dem kleinen Kira helfen könnte. Sie erinnerte sich an die heilenden Kräuter im Wald, die sie oft auf ihren Streifzügen gesehen hatte. Vorsichtig pflückte sie ein paar Blätter einer Pflanze, die Arnika genannt wurde.

Diese Blätter legte Lila auf Kiras verletzten Flügel, um die Schwellung zu lindern und die Heilung zu beschleunigen. Dabei sprach sie beruhigend auf den kleinen Vogel ein. Bald hörte Kira auf zu weinen und blickte Lila dankbar an.

„Du bist so lieb zu mir", sagte er. „Wie kann ich dir nur danken?"

Unter Lilas liebevoller Pflege begann Kiras Flügel allmählich zu heilen. Jeden Tag versorgte Lila ihn mit frischen Kräutern und Blättern. Durch ihre sanften Berührungen und ermutigenden Worte schöpfte Kira Hoffnung und Kraft.

Mit der Zeit, als Kiras Flügel heilte, wuchs auch die Freundschaft zwischen ihnen. Die beiden verbrachten ihre Tage gemeinsam im Wald, erkundeten sonnige Lichtungen und verborgene Pfade. Lila zeigte Kira die schönsten Orte des Waldes. Kira, die auf Lilas Rücken saß, sang dabei fröhliche Lieder, die Lilas Herz erwärmten und Freude verbreiteten.

Die anderen Tiere, die sich zuvor von Lila ferngehalten hatten, begannen, die beiden zu beobachten. Sie sahen, wie liebevoll Lila sich um Kira kümmerte, und lauschten Kiras heiteren Liedern. Diese Momente der Freundschaft und des Glücks ließen die Tiere ihre anfänglichen Ängste überwinden. Lilas leuchtendes Geweih, das einst Furcht einflößte, erschien ihnen nun als Symbol von Wärme und Licht.

Während Lila und Kira ihre Freundschaft genossen, beobachteten zwei Eichhörnchen, Ella und Max die beiden aus sicherer Entfernung.

„Siehst du das, Max?", sagte Ella. „Lila ist so freundlich, obwohl sie ein strahlendes Geweih hat."

„Ja, Ella", stimmte Max zu. „Wir haben uns in ihr getäuscht. Sie ist überhaupt nicht furchteinflößend, sondern wirklich fürsorglich."

In einem Gebüsch beobachteten zwei Füchse, Finn und Luna, wie Lila und Kira spielten.

„Hättest du gedacht, dass Lila so nett sein kann?", fragte Finn.

„Nein", antwortete Luna nachdenklich. „Ich dachte, ihr Geweih symbolisiert Stärke und Stolz. Aber sie zeigt uns eine andere Art von Stärke – die der Güte."

Nach und nach gesellten sich immer mehr Tiere dazu, angezogen von der herzlichen Freundschaft zwischen Lila und Kira. Die Eichhörnchen näherten sich vorsichtig, die Vögel zwitscherten in den Ästen darüber und sogar die Füchse wagten sich näher, um sich mit ihnen anzufreunden.

Die Lichtung, auf der Lila und Kira spielten, wurde ein Ort, an dem sich alle Tiere trafen. Sie spielten gemeinsam und lernten voneinander. Lila, die einst so alleine war, fand viele Freunde und wurde zum Mittelpunkt einer lebendigen, farbenfrohen Gemeinschaft im Wald.

An den meisten Tagen war das Wetter im verzauberten Wald sonnig und friedlich. Doch plötzlich änderte sich alles. Finstere Wolken verdunkelten den Himmel und ein starker Wind begann zu blasen. Die Tiere spürten, dass ein großer Sturm heranzog. Lila erkannte, dass dieser Sturm stärker und gefährlicher war als alle, die sie je erlebt hatte.

Die Tiere machten sich eilig daran, sich auf den Sturm vorzubereiten. Lila nutzte ihr Geweih, um dicke Äste und Blätter für Schutzdächer zu sammeln. Kira, die noch nicht ganz fliegen konnte, half, so gut sie konnte, indem sie kleinere Zweige und Blätter trug. Zusammen mit den anderen Tieren bauten sie Schutzhütten, um sich vor dem Sturm in Sicherheit zu bringen.

Als der Sturm losbrach, war er wild und gnadenlos. Bäume bogen sich im Wind, Blitze durchzuckten den Himmel und der Regen prasselte herunter. Aber Lila, Kira und alle anderen Tiere passten aufeinander auf und sorgten dafür, dass jeder in Sicherheit war. Nachdem der Sturm vorüber war, sahen die Tiere die Schäden, die er angerichtet hatte. Doch sie ließen sich nicht entmutigen und begannen gemeinsam, den Wald wiederherzustellen. Sie reparierten die beschädigten Schutzhütten und pflanzten neue Bäume und Pflanzen.

Durch diese Herausforderung wurde ihre Gemeinschaft noch enger und stärker. Lila und Kira hatten bewiesen, dass sie nicht nur in guten Zeiten Freunde waren, sondern auch in schwierigen Momenten fest zusammenstanden.

Volker Liebelt, Jahrgang 1966, lebt in dem idyllischen Öhringen, einer Stadt, die seine Inspiration und Heimat gleichermaßen ist. Sein Schreibstil zeichnet sich durch die Fähigkeit aus, lebendige Bilder und Emotionen zu erzeugen, die die Leser tief in die Handlung eintauchen lassen. Die Liebe zur Natur und die Faszination für das Übernatürliche sind wiederkehrende Themen in seinen Geschichten, die oft von märchenhaften Orten und wundersamen Begegnungen geprägt sind.

Spitz auf Knopf

Wir lagen im Wäschekorb. Herber Duft von Waschmittel hing in der Luft. Lavendel gepaart mit Rosenholz und Chemie. Die Waschmaschine starrte uns mit ihrem großen Bullauge an. Mein bester Freund, der Knopf, zeigte sich heute demonstrativ zugeknöpft. Dass er Angst vor diesem Waschgang hatte, konnte jedes Kleidungsstück erkennen, dazu musste man kein Reißverschluss wie ich sein. Wir waren beste Freunde, seit die Jeans angefertigt worden war. Seit wir nebeneinander von einer Maschine im zackigen Stakkato angenäht wurden. Wir würden immer zusammenbleiben, das hatten wir uns damals geschworen. Ich seufzte und schielte zu ihm hoch. Ein herabbaumelnder dunkelblauer Faden versperrte mir die Sicht. Mist. So lose, wie er war, würde der Knopf diesen Waschgang nicht überleben. Wir hatten beim letzten Mal schon gezittert, da war es gerade noch gut gegangen.

Ritsch-Ratsch machte ich, weil mein Besitzer wie immer vor dem Waschen jedes Kleidungsstück inspizierte und mich schloss. Es wackelte. Wir wurden hochgehoben. Ich vernahm leises Rascheln, dann fingerten warme Hände ein Taschentuch aus der Hosentasche und berührten mich leicht.

Ritsch-Ratsch.

Jetzt wurde ich wieder geöffnet. Ich knirschte mit den Zähnen des Reißverschlusses. Jedes Mal die gleiche, unnötige Prozedur.

„Was auch immer passiert ...", redete ich meinem verknopften Freund Mut zu.

„... wir bleiben zusammen, Ritschie", ergänzte der Knopf so, wie wir es immer getan hatten, wenn es ernst wurde. Er hatte mir von Anfang an ehrlich seine Meinung auf den Knopf zugesagt.

Wir wurden angehoben und auf den Fliesenboden gelegt. Es fühlte sich vertraut an. Wie unsere Freundschaft.

Etwas wurde auf uns gelegt. Etwas Stinkendes. Muffelndes. Ein Socken. Igitt. Ich zog demonstrativ den Verschluss zusammen und schüttelte den Kopf, um ihn zu verscheuchen. Alleine schaffte ich es nicht.

„Hilf mir!", raunte ich meinem Freund zu.

Der zuckte mit dem Knopf, gleichzeitig zog ich mich auf und zu.

Ritsch-Ratsch

Der Stinkesocken flog in hohem Bogen zur Seite. Ich grinste und erkannte, dass mein Freund es ebenfalls tat.

Etwas Baumelndes, Dunkelblaues ließ mich zusammenzucken.

Der Faden.

Mist. Er hatte sich durch diese Aktion noch mehr gelöst.

Warme Hände hoben uns hoch. Das Bullauge der Waschmaschine kam näher.

„Ritschie, ich habe Angst." Den Blick, den er mir zuwarf, würde ich nie vergessen. Ich wollte meinen Freund nicht verlieren, konnte mir eine Welt ohne ihn nicht vorstellen.

Wir waren nun in der Trommel der Waschmaschine. Noch befanden sich die Handtücher nicht drin. Die kamen immer sehr spät dran.

„Wenn das mit diesem Waschgang schief geht, lernst du später vielleicht noch andere Kleidungsstücke kennen." Ich schielte zur Fleecejacke, die nun ganz dicht an uns gepresst war.

Die Redezeit wurde knapp. War die Maschine erst mal gestartet, hieß es still sein. Sonst endete das übel. Einmal hatte ich während eines Schleudergangs den Verschluss geöffnet, weil ich dem Knopf noch etwas sagen wollte und einen Schwall heißes, seifiges Wasser abgekommen. Boah, war das eklig. Meine Verschlusszähne klapperten bei dem Gedanken an dieses Ereignis.

Ein Handtuch wurde zu uns gedrückt. Verflixt und zugenäht.

„Oder du verbringst Zeit im Nähkästchen", machte ich ihm Mut. „Ganz ungebunden kannst du dir dann überlegen, was du machen willst. Für dich selbst entscheiden." Ich redete mich um Knopf und Kragen. Ich konnte es nicht ertragen, dass er Angst hatte.

Ein Hemd wurde zu uns gepresst. Die Knöpfe verhakten sich mit meinem besten Freund. Etwas zerrte an uns und hob uns noch einmal aus der Trommel. Dann passierte es. Der Faden des Knopfes löste sich und der Knopf flog in hohem Bogen davon. Ich verfolgte ihn mit meinen Augen und erstarrte beim Anblick meines Freundes, der unausweichlich der Gefahr zurollte.

Direkt auf den Abfluss auf dem Waschküchenboden zu.

Schlagartig wurde mir heiß und kalt.

„Hilfe", rief der Knopf. „Bitte." Er rollte unaufhaltsam weiter.

Ich wusste nicht, was ich tun sollte, um von dieser scheiß Jeans wegzukommen. Ich hatte mir keinen Plan gemacht, sondern handelte aus dem Verschluss heraus.

Ich biss. Mit Kraft. Zerrte an meiner Naht. Biss noch einmal. Diesmal heftiger.

„Tu was!", rief der Knopf. Seine Stimme entfernte sich immer mehr von mir.

Ich biss immer weiter zu. Wie die ratternde Nähmaschine, im gleichen Stakkato.

Ritsch-Ratsch, Ritsch-Ratsch, Ritsch-Ratsch.

Ich traute mich nur einmal, in Richtung des Knopfes zu schauen, der fast den Abfluss erreicht hatte.

Mit dem letzten Bissen löste ich mich von der Jeans und flog aus der Trommel, die danach mit einem lauten Rumms geschlossen wurde. Das war knapp. Ich raste in Windeseile zum Knopf, stürzte mich auf ihn und hielt ihn unter mir fest.

„Danke", flüsterte er mir zu und atmete erleichtert auf.

Ich schaute an mir herunter. So nackt, wie ich jetzt war, hatte er mich noch nie gesehen. Ich schämte mich nicht. Er war mein bester Freund.

„Ich werde ins Nähkästchen gehen." Seine Stimme klang entschieden.

Ich blickte über meine Schulter zurück zur Trommel, dann wieder in die Knopfaugen meines Freundes und traf eine Entscheidung. „Ich komme mit."

Julia Nachtigall: *eine singe Fahrradklingel, die einen Songcontest gewinnen will. Ein Kürbis, der in illegale Machenschaften verstrickt ist und die Flucht plant. Ein Tag, der eine Zeitreise unternimmt, um seine Eltern kennenzulernen. Das sind die Charaktere, die man in den Geschichten von Julia Nachtigall findet. Die im Jahr 1982 geborene Autorin lebt mit ihrer Familie in Essen und arbeitet als Sekretärin an der Universität Duisburg-Essen. Ihre Leidenschaft für Bücher hat sie dazu bewogen, selbst Kurzgeschichten zu schreiben.*

Max und Mimi: Die Geschichte einer verlorenen Freundschaft

Max ist der Star im tierischen Varietétheater. Er ist ein großer, prächtiger Elefant und kann die schwierigsten Kunststücke. Wenn er seinen Rüssel erhebt und laut trötet, klingt es wie die schönste Melodie. Alle Zuschauer mögen ihn und er bekommt den meisten Applaus.

Mimi ist eine kleine, graue Hausmaus. Sie bewundert Max sehr. So oft es geht, schleicht sie sich in die Vorstellung und schaut ihn mit großen Augen an. Max hat das natürlich längst bemerkt, und wenn er sie sieht, nickt er ihr freundlich zu.

Manchmal wartet sie nach der Vorstellung auf ihn. Und wenn sie ihm dann sagt, wie sehr sie ihn bewundert, ist er mächtig stolz.

Doch der Direktor des Varietétheaters mag Max nicht und will ihn loswerden. Als sein Vertrag ausläuft, verlängert er ihn nicht. Max ist sehr traurig und das merkt auch Mimi, die versucht, ihn zu trösten. Max sucht nach einem anderen Theater, aber das ist gar nicht so einfach. Endlich hat er Glück und bekommt einen Vertrag. Aber der Ort, in dem das neue Theater ist, liegt ziemlich weit entfernt.

„Dann werden wir uns wohl gar nicht mehr sehen", sagt Mimi zum Abschied und versucht, ein paar Tränen zu unterdrücken.

„Komm mich doch einfach mal besuchen", schlägt Max vor und Mimi verspricht es auch. Doch wie soll Mimi das anstellen? Sie ist doch nur eine kleine Maus.

Von nun an schreibt Mimi Max Briefe oder sie schickt ihm Nachrichten von ihrem Mäusetelefon. Manchmal geht sie auch aufs Mäusepostamt und schickt ihm ein Päckchen mit Zuckerstückchen, denn er hat ihr erzählt, dass er gern nascht. Er antwortet ihr dann, sagt ihr, wie sehr er sich darüber freut, und berichtet von seinen Erfolgen in der neuen Stadt.

Nach ein paar Monaten fasst Mimi allen Mut zusammen. Sie klettert in einen Zug, der in seine neue Heimat fährt. Als sie nach so langer Zeit seine Vorstellung besucht, ist sie sehr froh, ihn wiederzusehen. Nach seinem Auftritt wartet sie vor dem Zelt, um ihn zu begrüßen.

Oh, wie Max sich da freut. Triumphierend blickt er zu den anderen Elefanten, als wolle er sagen: „Sehr ihr, ich bin der Beste. Diese kleine Maus ist so weit gereist, nur um mich zu sehen."
Und die anderen Elefanten sind neidisch. Dann lädt Max Mimi ein, mit ihm Salat zu essen. Mimi ist selig, obwohl sie Salat nicht mag, und sie ist auch viel zu aufgeregt, um etwas zu essen.
Glücklich fährt sie nach Hause und verspricht, bald wiederzukommen. „Ja, mach das, kleine Mimi", sagt Max zu ihr, „ich freue mich darauf."
Zu Weihnachten backt Mimi eine große Menge Mäusekekse mit Schokolade, die mag Max besonders gern. Max bedankt sich bei ihr. Er fühlt sich in der neuen Stadt noch allein und ist froh, dass jemand aus der alten Heimat an ihn denkt.
Eines Tages schreibt er an ihr Mäusetelefon:

Liebe Mimi, wir proben gerade ein neues Kunststück. Dabei bin ich ausgerutscht und habe mir sehr wehgetan. Aber die Proben müssen weiter gehen. Bald führe ich das Kunststück zum ersten Mal auf, dann muss es sitzen.

Oh, wie fühlt die kleine Mimi da mit ihm. Sofort schickt sie ihm ein großes Päckchen mit Zuckerstückchen und wünscht ihm gute Besserung. Ein paar Tage später ruft er an: „Ich habe mich so gefreut, liebe Mimi. Mir ging es gleich besser."
Und Mimi ist glücklich, dass sie ihm eine Freude gemacht hat. „Wir sind doch Freunde geworden", denkt sie, „wie schön."
Doch dann findet Max neue Freunde und fühlt sich nicht mehr fremd in der Stadt. Er braucht Mimi nicht mehr. Aber Max ist zu feige und traut sich nicht, ihr das zu sagen. „Sie wird es schon merken", denkt er.
Mimi wundert sich, dass er sich plötzlich so selten meldet. „Aber er wird zu tun haben", beruhigt sie sich. „Ich besuche ihn ja bald wieder."
Doch als sie dann bei ihm ist, beachtet er sie kaum. „Was ist los?", fragt sie über ihr Mäusetelefon. „Warum gehst du mir aus dem Weg?"
Die Antwort kommt kurze Zeit später:

Liebe Mimi, ich möchte deine Gefühle nicht verletzen, aber bitte schreib mir nicht mehr und schick auch keine Päckchen. Wenn du möchtest, kannst du gern in meine Vorstellungen kommen. Es ist mir wichtig, dir, wie jedem anderen Besucher auch, mit meiner Kunst Freude zu bereiten. Max.

Da wird Mimi sehr, sehr traurig. „Ich bin also nicht mehr wie jeder andere Zuschauer für ihn? Ich dachte, wir wären Freunde?" Enttäuscht klettert sie in den nächsten Zug und fährt nach Hause. Die Tränen laufen ihr über das Gesicht. Leise sagt sie: „Ich bin eben nur eine kleine, unscheinbare Hausmaus. Wer soll mich schon mögen?"

„Ich zum Beispiel", hört sie plötzlich eine Stimme.

Mimi blickt auf. Vor ihr sitzt ein hübscher Mäuserich und strahlt sie aus großen Augen an. „Warum machst du dich so klein? Du bist etwas ganz Besonderes, doch du musst auch an dich glauben. Darf ich mich vorstellen? Ich heiße Andy."

ElviEra Kensche, geboren 1952, lebt in Hildesheim. Mitglied bei den Hildesheimlichen Autoren und im Verein der Schriftstellerinnen und Künstlerinnen Wien. www.elvieras-schreibfeder.de.

Der Feind von meinem Feind ist mein Freund

Ich hatte mich immer vor diesem Augenblick gefürchtet. Es war still. Die Leute, die um uns standen, sprachen nur mit ihren erschrockenen Blicken. Das Gras kitzelte meine nackten Zehen und es roch nach Feuer. Das hier war ein Kampf. Ein tödliches Gefecht, bei dem einer der Beteiligten sterben musste. Ich presste die Zähne fester zusammen. Keine Ahnung, ob aus Wut oder aus Angst. Ich konzentrierte mich nur auf das Gesicht meines Gegners. Ich war erstaunt, als ich bemerkte, dass seine Hände zitterten, in denen er den Dolch hielt, und kurz hoffte ich, niemand von uns würde den ersten Schritt machen.

„Das hier ist total dämlich!", dachte ich mit wachsender Anspannung. „Wir waren Freunde! Das war ein scheiß Missverständnis!"

Dann trat mein Gegenüber vor. Sein Schritt wirkte zögerlich, aber entfachte in mir ein Gebräu aus Hass und Verzweiflung.

„Na los, komm doch!", schrie ich aufgepeitscht.

Alden blieb stehen, und als er aufsah, war ich mir gar nicht mehr sicher, ob ich meinen besten Freund töten würde. Dieser Junge wirkte verändert. Gebrochen geradezu, wie er da stand. Sein Blick war glasig und der Dolch in seiner Faust wackelte besorgniserregend.

„Warum hast du das getan?", fragte Alden in einem Anflug, sich selbst wieder Mut zu machen.

„Du verstehst gar nichts! Er hat dich belogen", brüllte ich zornig.

„Ich weiß nicht, ob ich dir trauen kann", gab Alden zurück.

„Du willst also lieber dem glauben, als deinem besten Freund!", fauchte ich, aber als ich Alden gerade an den Kopf werfen wollte, dass er ein mieser Freund sei, ließ mich ein Schatten hinter ihm erstarren. Mir gefror das Blut in den Adern, als sich eine Raubkatze aus der Dunkelheit schälte.

Alden schien meinen Blick nicht zu bemerken. Die große Katze, die sich langsam näherte, starrte zu mir zurück. Ihre bernsteinfarbenen Augen funkelten und die Pupillen des Tieres verengten sich.

„Pass auf!", zischte ich aus Angst bei lautem Aufschreien den Angreifer erst recht anzustacheln. Mein Freund fuhr herum und dann standen wir unserem neuen gemeinsamen Feind gegenüber.

„Scheiße", fluchte Alden und er wich zu mir zurück.

Unser Streit schien mit einem Mal vollkommen lächerlich, jetzt, wo wir beide dem Raubtier gegenüberstanden. Das hier war keine Entscheidung mehr zwischen *ich opfere* oder *ich opfere nicht.* Wir hatten keine Wahl. Wenn wir am Überleben noch hingen, dann mussten wir jetzt zusammenhalten, und ich wusste, dass Alden und ich beide die stumme Entscheidung getroffen hatten, dass dieser Rivale weitaus schlimmer war als unsere begonnene Feindschaft.

Luca Klein, *geboren am 2008, besucht derzeit das Gymnasium. Anschließend möchte sie gern studieren und als Lehrerin arbeiten. Luca schreibt bereits seit Längerem Kurzgeschichten und hat erfolgreich am Schriftstellerwettbewerb der Hanns-Seidel-Stiftung „Die Feder" 2022 teilgenommen. Neben dem Schreiben gehören auch Pferde zu den Hobbys der jungen Autorin.*

Mondblumenmagie

Paula flitzte wie ein geölter Blitz durch die Dämmerung zwischen Heuballen und Futtersäcken hindurch. Mit Anlauf überflog sie die Mega-Pfütze im Hof. Sie hatte den ganzen Nachmittag im Stall verbracht. Auf die Geburt von Blossoms Fohlen hatte sich die Neunjährige seit Wochen gefreut, doch mit dem Pferdekind stimmte etwas nicht. Seine Mutter hatte es mehrfach sanft angestupst, doch ihm schien die Kraft zum Aufstehen zu fehlen.

Paula stürmte in die Tierarztpraxis ihres Vaters. „Papa, Papa, das Fohlen braucht Hilfe", keuchte sie atemlos.

„Mach dir keine Sorgen. Papa hilft deinem Kind." Beruhigend kraulte Paula die Stirn der Stute, die nervös mit den Ohren spielte. Den Tierarzt und seine Mitarbeiter, um ihr Fohlen wuseln zu sehen, schien ihr nicht zu behagen. Etwas Pelziges rieb sich an Paulas Bein und forderte maunzend Aufmerksamkeit. Sie beugte sich hinunter, um den Kater zu streicheln.

„Ach, Jinx, manchmal wünschte ich, du wärst ein Mensch, dann hätte ich jemanden zum Spielen."

Jinx' Schnurren glich einem kleinen V8 Motor, doch urplötzlich verschwand er zwischen den Pferdeboxen. Vielleicht eine Maus, mutmaßte Paula. Von denen gab es auf dem Hof eine ganze Kolonie. Und das, obwohl mehrere Katzen sich nach Kräften bemühten, ihre Anzahl zu dezimieren. Aber der Hof war groß und die Ställe für Pferde und gelegentliche Langzeitpatienten ihres Vaters boten Ecken, die selbst sie nicht kannte. Und das sollte etwas heißen.

Der Vater unterbrach ihre Gedanken. „Mehr können wir gerade nicht tun. Ich schaue später noch mal nach dem Fohlen und du gehst jetzt ins Bett. Es ist spät."

Paula wollte diskutieren, doch die hochgezogenen Augenbrauen ihres Vaters ließen keinen Widerspruch zu. So kuschelte sich in das dicke Daunenkissen. Sie liebte den Hof und die vielen Tiere, doch oft fühlte sie sich einsam. Ihr Vater hatte selten Zeit und die Mädchen in der Schule interessierten sich für die Pferde, nicht aber für sie.

„Murf."

Etwas Warmes landete auf ihren Beinen und begann zu schnurren.

„Hallo Jinx."

Durch das Halbdunkel ihres Zimmers erkannte Paula etwas im Mäulchen des Katers. Schnell knipste sie das Licht an. Statt der befürchteten Ratte erwartete sie eine Überraschung. Stolz präsentierte der erfolgreiche Jäger seine Beute: eine kleine Fledermaus.

Eine lebende Fledermaus.

Den pelzbesetzten Körper voller Katzenspeichel, aber augenscheinlich unverletzt, bewegte das kleine Tier ungeschickt einen Flügel. Aus dunklen Perlenaugen betrachtete es das Mädchen.

Es schien keine Angst zu haben.

Seltsam.

„Du Arme." Schnell setzte Paula den Kater vor die Zimmertüre, damit er nicht noch mehr Unheil anrichten konnte. Dann wandte sie sich an die Fledermaus auf ihrer Bettdecke. „Ich hole einen Korb, dann bringen wir dich zu Papa. Er ist Arzt." Damit flitzte das Mädchen in die Küche. Irrte es sich oder blickte die Fledermaus ihm nach?

Mit Karton und Wasserschale balancierte Paula durch den dunklen Flur zurück zu ihrem Zimmer. „Da bin ich wieder", begann sie und stockte.

Die Fledermaus war verschwunden. Stattdessen hockte ein etwa gleichaltriges Mädchen auf dem Bett. „Ihh, Katzensabber", schimpfte es gerade.

„Wer bist du und was machst du in meinem Zimmer?", brachte Paula heraus.

„Frag den Kater", gab das Mädchen zurück. „Er hat mich hergeschleppt."

Paula kam aus dem Staunen nicht mehr heraus. „DU bist die Fledermaus? Wie geht das denn?"

„Vampirfledermaus, wenn ich bitten darf, aber meine Freunde nennen mich Ophilia."

Paula staunte.

Ophilia musste ihr ungläubiges Gesicht bemerkt haben, denn sie berichtete, wie sie als Fledermaus ein paar Runden um die Scheune gedreht hatte.

„Ich wollte nachsehen, warum dort so spät noch Licht brennt. Dabei hat der Kater mich erwischt", schloss sie die Geschichte.

„Wow." Paula war tief beeindruckt. Sie wollte Ophilia so viel fragen und wusste nicht, wo sie anfangen sollte. Also erzählte sie von der abendlichen Geburt und ihrer Sorge um das Fohlen.

„Das Fohlen kann nicht aufstehen?" Ophilia zog die Stirn kraus, dann erhellte sich ihr Gesicht. „Abigail weiß, was zu tun ist. Komm, wir flattern schnell rüber", rief sie aufgeregt.

„Aber ich kann doch gar nicht fliegen", erinnerte Paula.

„Ich nehme dich mit."

Und ehe sie sich versah, schwebte Paula an Ophilias Arm zum Fenster hinaus. Die kühle Nachtluft ließ sie frösteln und beinahe hätte sie einen ihrer Puschelhausschuhe verloren. Dennoch fühlte sich Fliegen unbeschreiblich gut an.

Gemeinsam schwebten sie über Paulas schlafendes Heimatstädtchen. Nur hier und da schlichen Scheinwerferlichter durch die dunklen Gassen.

Kurz darauf rief Ophilia: „Schau, der Tanzplatz der Hasen." Sie überflogen eine große Wiese, an deren Ende der Wald begann. Sie landeten am Waldrand. Ein wahres Quakkonzert aus einem schlammigen Tümpel empfing die beiden. Am Nachthimmel tanzten Glühwürmchen leuchtend um die Wette.

„Da ist Abigail." Ophilia deutete auf eine fette, braune Kröte, die auf einem Seerosenblatt durch das Wasser glitt. „Frag sie, wie du deinem Fohlen helfen kannst." Ophilia schob Paula sanft in Richtung Tümpel, als diese sich nicht rührte.

Etwas seltsam kam sich das Mädchen schon vor. Es musterte die Kröte, die es erwartungsvoll beäugte. „Guten Abend, Abigail. Ich bin Paula."

Ein Quaken.

Mit mulmigem Gefühl erzählte Paula von Blossoms Fohlen. Ob ein Frosch wirklich helfen konnte? Erneutes Quaken. Mit einem Satz hüpfte die Kröte zum Ufer.

Die Mädchen folgten ihr eilig in den düsteren Wald hinein. Einzig ein paar Glühwürmchen erleuchteten den Pfad. Sie erreichten eine Lichtung mit den seltsamsten Blumen, die Paula je gesehen hatte. In kleinen Grüppchen wiegten kelchförmige Blüten im Wind. Ihr eisblauer Schimmer verwandelte die umstehenden Bäume in eine magische Winterlandschaft. „Mondblumen." Ophilia pflückte rasch ein paar der Pflanzen. „Meine Mutter hat sie mir gegeben, als ich einmal sehr krank war."

„Wo sind denn deine Eltern?", fragte Paula.

Ophilia senkte den Kopf. „Sie sind immer sehr beschäftigt."

„Mein Vater auch", versuchte Paula sie zu trösten. „Darum bin ich viel bei den Tieren."

Sie betraten die warme Scheune. Eine Wohltat nach dem kühlen Abendwind. Blossom schnaubte zur Begrüßung. Das Fohlen lag im Stroh. Schwach hob es das Köpfchen. Paula beobachtete, wie Ophilia mit geschickten Fingern die Blumen in die Mähne des Pferdekinds webte. Und das sollte helfen?

Blossom stupste ihr Kind zärtlich an. Das schüttelte sich, stellte die Vorderbeine auf und mit einem Ruck erhob es sich. Es schwankte. Paula hielt den Atem an, dann machte es einen Schritt auf seine Mutter zu. Dann noch einen und noch einen. Es senkte den Kopf und begann geräuschvoll bei der Mutter zu trinken.

„Wir haben es geschafft!" Verzückt betrachteten die Mädchen Mutter und Kind. Paula gähnte. Die Müdigkeit legte sich über sie wie eine lähmende Decke. Das warme Stroh in der Pferdebox sah sehr gemütlich aus.

Paula öffnete die Augen und fand sich in ihrem Zimmer wieder. Sie konnte sich nicht daran erinnern, wieder ins Bett gegangen zu sein. Hatte sie ihre Begegnung mit Ophilia etwa nur geträumt? Und ging es Blossoms Fohlen gut? Sorge und Enttäuschung trieben ihr Tränen in die Augen. Wie sehr hatte sie sich eine Freundin auf dem Hof gewünscht. Niedergeschlagen machte sie sich ans Anziehen.

In der Küche begrüßte sie ein gut gelaunter Tierarzt, umgeben von seinen Mitarbeitern. Aber selbst eine Tasse dampfender Kakao konnte das Mädchen nicht trösten. Da fiel sein Blick auf ein Paar schlammige Hausschuhe vor dem Ofen. Es lächelte.

Dominique Goreßen, *Jahrgang 1986, lebt mit zwei Söhnen, Lebensgefährten und Kater im Westzipfel Nordrhein-Westfalens. Hauptberuflich zaubert sie eine kunterbunte „Fantasiewelt" für die Kinder ihrer Kindertagesstätte. Neben dem Schreiben sind Fotografie, orientalischer Tanz und Heavy Metal ihr Ausgleich zum Alltag. Eine Übersicht ihrer bisherigen Veröffentlichungen sind unter https://dominique-goressen.jimdosite.com.*

Das Fischewettschwimmen

Es begab sich zu einer Zeit, als Fische untereinander sich noch verstanden. Ja, sie redeten sogar miteinander. Nicht nur, weil der eine Fisch dem anderen imponieren wollte, sondern es gab hier noch Kameradschaft und ein richtig schönes Miteinander, statt nur den anderen zu verfolgen oder gar zu fressen.

In dieser Zeit schlossen drei Fische eine Wette ab. Wem es als Erstem gelänge, eine abgesteckte Strecke in kürzester Zeit zu schwimmen, der sollte der Bestimmer des Teiches werden. So traten Aal, Karpfen und Kugelfisch in einem auf den ersten Blick unfair hindeutenden Wettkampf an. Innerlich freute sich der Aal schon, als Herrscher bestimmt zu werden, galt er doch als heimlicher Favorit. Von allen dreien war er der schnellste Schwimmer. Mit seiner schlangenähnlichen Fortbewegung wirkte er uneinholbar.

Der Karpfen, der den Teich wie seine Westentasche kannte, hoffte auf Heimvorteil. Da er wusste, wo er wie ausweichen musste, störte ihn auch seine Trägheit kaum. Er kannte sich ja aus und konnte so vorher schon reagieren.

Der letzte der drei Fische war der Kugelfisch. Von allen dreien war er von ihnen als langsamster Fisch gesehen. Auch kannte er sich in dem Gewässer kaum aus, da er erst neu in dem Teich lebte. Dafür kannten ihn auch die anderen Fische noch nicht.

Nachdem alle drei an die Startlinie geschwommen waren, warteten sie ungeduldig auf das Startzeichen, welches der Frosch geben sollte. Zuvor erklärte dieser, wie der Streckenverlauf war, worauf zu achten und Fair Play Grundvoraussetzung sei, keiner dem anderen wehtun dürfe.

Dann ging es los. Der Frosch gab das Startzeichen und alle anderen Fische schwammen am Rand und feuerten ihren Favoriten an. Es wurde ziemlich laut im Teich. Natürlich war der Aal uneinholbar den anderen auf den ersten Metern vorweggeschwommen. Als Zweiter folgte, wie erwartet, der Karpfen.

Aber was war das? Nach etwa 30 Metern war alles anders. Auf einmal hing etwas im Wasser, keiner sah es richtig. Wo kam es her? Wer hat es da hingetan? Warum gerade jetzt bei dem Wettbewerb? So viele Fragen gingen allen Fischen durch den Kopf.

In seiner unbedachten Art blieb der Aal darin hängen und verfing sich weiter mit jedem Flossenschlag.

Der Karpfen wollte abbremsen, doch seine Trägheit ließ ihn weiter schwimmen. Mitten hinein. Er versuchte, wieder herauszuschwimmen, aber er hatte keine Chance, zu entkommen.

Nur der Kugelfisch blies sich schnell auf, wurde so zu einer Kugel und bremste damit abrupt ab. Er blieb vor dem Netz stehen und damit wurde er verschont. Den anderen beiden konnte er, obwohl er ihnen gern helfen wollte, jedoch nicht mehr helfen.

Kurz darauf wurde das Netz aus dem Teich geholt. Der Kugelfisch blieb allein im Teich als Wettschwimmteilnehmer zurück. So wurde bei dem Wettschwimmen ganz schnell der Langsamste zum Sieger erkoren, da die anderen beiden aus dem Teich gefischt worden waren.

Auch wenn der Sieg dem Kugelfisch in dieser Art nicht gefiel, war er seitdem der Bestimmer des Teichs. Allen anderen Fischen verschlug es damals regelrecht die Sprache. Seitdem sind sie stumm. Keiner hat je mehr ein Wort von ihnen gehört. Sie bewegen zwar noch ihre Lippen, als wollten sie reden, aber kein Ton kommt mehr heraus.

Und die Moral von der Geschichte?
Nur wer mit Bedacht handelt, ist sicher vor Gefahren.

Andreas Rucks, geboren 1979 in Stollberg/Erzgebirge, Erzieher im Bewegungskindergarten in Aue-Bad Schlema. 2005 erstes Buch veröffentlicht „Träume und Realität – poetische Texte". Seitdem sind zahlreiche Texte in Anthologien veröffentlicht worden. Herausgeber der Bücher: „Essen im Schulprojekt – mit vollem Bauch lernt es sich besser" (2009) sowie „Die Straßennamen der Stadt Aue – einer Stadt mit vielen Bezeichnungen"(2015). 2020 wurde „Menschen für Texte begeistern – Schreiben macht Spaß" veröffentlicht. 2023 erblickten zwei Spiele in ihrer Endfassung das Licht der Welt (Partnerstadtspiel, Sag's schnell) rechtzeitig zum „Tag der Sachsen" in Aue-Bad Schlema.

Freundinnen

Isabel und Jana sind Freundinnen. Sie besuchen in der Schule die gleiche Klasse. Sobald sie ihre Schularbeiten am Nachmittag erledigt haben, treffen sie sich, um gemeinsam zu spielen, Musik zu hören oder einfach nur, um zu quatschen.

Für heute haben sie nichts Besonderes vor und deshalb setzen sie sich auf das Sofa in Janas Zimmer. Sie haben beide ihre Schuhe ausgezogen und können deshalb ihre Füße auf das Sofa stellen.

„Du, Jana", beginnt Isabel nach einer Weile des gemeinsamen Schweigens, „du bist heute so still, ist was passiert?"

„Ach nee, nicht so direkt", antwortet Jana leise.

„Was heißt nicht so direkt?", hakt Isabel nach.

„Ich weiß nicht, ob und wie ich es erklären soll."

„Also, was ist los? Sind wir Freundinnen oder nicht? Ich finde, als Freundinnen müssen wir auch über Dinge sprechen können, die nicht immer nur toll und herrlich sind. Wir müssen uns auch mal etwas gegenseitig erzählen können, was nicht gleich in die ganze Welt herausposaunt werden muss. Oder?"

„Hast ja recht."

„Also jetzt raus mit der Sprache, mach's nicht so spannend, was ist los", fordert Isabel Jana auf, die ihren bisher gesenkten Kopf anhebt und nun Isabel direkt ansieht.

„Ich habe bestimmt eine große Dummheit begangen. Und jetzt weiß ich nicht, wie ich da am besten wieder rauskomme. Du weißt doch, dass ich Klavierunterricht nehme. Und neulich ...", Jana stockt, holt tief Luft, als wolle sie sich aufpumpen, „neulich hat der Klavierlehrer in der Klavierstunde gesagt, dass ich mich doch mal auf seinen Schoß setzen soll, damit er mir die Handstellung bei einem bestimmten Lauf besser zeigen kann. Hab ich auch gemacht. Und nachdem ich die Hand- und Fingerstellung gesehen und geübt hatte, wollte ich aufstehen. Aber er ließ mich nicht aufstehen, sondern begann mit seinen Händen an mir rumzufummeln."

„Echt?", fragt Isabel ungläubig nach.

„Echt", bestätigt Jana ihre Aussage. „Erst als ich wie wild um mich geschlagen habe, konnte ich mich befreien. Und morgen habe ich wieder Unterricht. Ich habe richtig Angst, da wieder hinzugehen. Meinen Eltern habe ich davon nichts gesagt. Ich weiß ja nicht, was sie dann machen würden. Was soll ich bloß tun? Einerseits will ich weiterhin Klavierunterricht haben aber andererseits weiß ich ja nicht, was der noch alles mit mir vorhat."

„Dieses miese Ferkel aber auch." Isabel ist richtig wütend geworden, nicht auf Jana, sondern auf den Klavierlehrer.

„Das musst du unbedingt deinen Eltern sagen, denn nur dann können sie dir helfen. Und außerdem muss ich dir eine Sache erzählen, die mir vor einigen Jahren passiert ist. Ich bin nämlich mit meinen Eltern oft zu meinem Onkel und meiner Tante gefahren. Und wenn meine Eltern ins Kino oder Theater gehen wollten, habe ich bei Onkel und Tante übernachtet. Weil die aber kein Extrabett für mich zu stehen hatten – so viel Platz hatten sie nicht in ihrem Schlafzimmer –, lag ich in der Mitte zwischen den beiden, sozusagen auf der Besucherritze. Ich hatte zwar ein eigenes Kopfkissen und eine eigene Decke, aber eben kein ganzes eigenes Bett. Und stell dir vor, eines schönen Tages – oder genauer Nachts – merke ich doch, dass der Onkel plötzlich unter meine kleine Bettdecke rückt und sich an mich drückt. Und dann, stell dir das mal vor, schiebt der plötzlich seine Hand unter mein Nachthemd, immer weiter. Der Onkel, der immer zu Witzen und Scherzen aufgelegt ist, der immer für uns ein offenes Ohr hatte, der machte so was. Da ist man sprachlos, wie?"

„Ich fass es ja nicht! Dein Onkel? Der Onkel, den ich auch kenne, der immer so lustig ist?" Jana ist außer sich und kriegt sich bald nicht mehr ein. Sie kennt den Onkel schon lange und hätte gerade ihm ein derartiges Verhalten nie und nimmer zugetraut.

„Ja, ja, was, da staunst du?"

„Und weiter, was dann?", will Jana wissen.

„Ich habe das natürlich alles ganz genau meiner Mutter erzählt, als sie mich abgeholt hatte. Meine Tante und auch der Onkel waren dabei. Das hat ganz schön Mut von mir erfordert. Aber hinterher war ich doch erleichtert. Meine Tante und natürlich auch meine Mutter haben furchtbar mit meinem Onkel geschimpft. Der Onkel tat mir fast Leid, aber geschehen ist geschehen. Und dann haben meine Eltern gemeinsam beschlossen, dass ich nicht mehr bei meiner Tante und meinem Onkel übernachte. Hätte ich denen das nicht erzählt, dann weiß ich nicht, was da noch geschehen wäre."

„Und du willst mir damit sagen, dass ich die Sache mit meinem Klavierlehrer auch ganz schnell meiner Mutter erzählen sollte?"

„Ja, am besten gleich. Wollen wir zusammen zu deiner Mutter ins Zimmer gehen? Dann kann ich dir Beistand leisten und vielleicht soll ich ihr von meiner Begebenheit auch erzählen."

Sie klatschen ab, also einmal mit ihren Handflächen der rechten Hand zusammen, so machen sie es schon immer, wenn sie etwas beschlossen haben, was sie gemeinsam durchziehen wollen, und gehen ins Wohnzimmer.

Jana war über ihren Schatten gesprungen und hatte sich Isabel gegenüber ein Herz gefasst. Wenn sie es bis hierher geschafft hatte, meint sie, dann würde sie auch noch den nächsten Schritt schaffen. Jetzt fühlt sie sich stark. Sie weiß, dass ihr nur dann, wenn sie volles Vertrauen zu ihren Eltern und auch zu ihrer engsten Freundin hat und ihnen alles, aber auch alles, was sie bedrückt, erzählt, geholfen werden kann.

Im Wohnzimmer beginnt Isabel behutsam das Gespräch mit Janas Mutter, bevor Jana die ganze schlimme Geschichte erzählt. Danach ist Jana erleichtert. Jetzt kann ihr ihre Mutter helfen. Gemeinsam beschließen sie, einen anderen Klavierlehrer zu suchen. Morgen braucht sie nicht zum Unterricht. Und ihre Mutter wird die Klavierschule von diesem Vorfall mit Jana unterrichten – zum Schutz anderer Klavierschülerinnen.

Charlie Hagist *wurde 1947 in Berlin-Steglitz geboren. Nach Grund- und Oberschule absolvierte er eine Ausbildung zum Bankkaufmann. Während seiner Tätigkeit in der Personalabteilung des Hauses bildete er sich zusätzlich zum Personalfachkaufmann (IHK) weiter. Ehrenamtlich war er als Richter am Amtsgericht Berlin-Tiergarten, am Sozialgericht Berlin und danach am Landessozialgericht Berlin tätig. Charlie Hagist ist verheiratet, hat einen Sohn.*

Später

Ich kann nicht gerade von mir behaupten, mit Freund*Innen gesegnet zu sein. Wenn ich so recht überlegen, bleibt außer meinem lieben Mann eigentlich kein Freund übrig.

Dabei hat mich die Sehnsucht nach einer besten Freundin wirklich immer getrieben. Meine frühesten Erinnerungen daran gehen auf meinen siebten Geburtstag zurück. Das war Anfang der Siebzigerjahre. Ich hatte eine Schulfreundin aus der ersten Klasse zusammen mit ihrer Schwester zu einer kleinen Geburtstagsfeier zu mir nach Hause einladen dürfen und mich sehr auf den Nachmittag gefreut. Als es zur verabredeten Zeit an der Tür klingelte, lief ich gleich aufgeregt hin. Davor standen die beiden Mädchen ... mit einem kleinen Geschenk und dem Satz: „Wir dürfen nicht zu deinem Geburtstag kommen. Denn wenn du uns zum Geburtstag einlädst, müssen wir dich auch einladen, und das wollen unsere Eltern nicht." Aus der Traum von einem schönen Kindergeburtstag. Ich war todunglücklich.

Ein halbes Jahr später zogen wir von der Stadt aufs Dorf und im zweiten Schuljahr hatte ich jede Menge neuer Klassenkameradinnen. Zwei Mädchen waren darunter, die ich sehr gerne mocht – Christiane und Birgit, die in einer Straße wohnten, sich seit dem Kindergarten gut kannten und miteinander befreundet waren. Wir waren nun manchmal auch zu dritt unterwegs, aber ich kam mir ganz oft wie das fünfte Rad am Wagen vor. So richtig dazu gehörte ich nicht. Mit zwei, drei anderen Mädchen, die in meiner Nähe wohnten, traf ich mich ebenfalls, aber auch hier war immer irgendwie eine Distanz zwischen uns.

Als die vierte Klasse zu Ende war, stand die Entscheidung an, ob ich zum Gymnasium oder zur Realschule gehen sollte. Ich war für die Realschule, denn Christiane und Birgit würden sie besuchen. Meine Mutter bestand auf Gymnasium. Ihr Argument: „Das hier sind doch keine richtigen Freundschaften. Die machst du erst, wenn du älter bist." Die Entscheidung war gefallen. Meine Freundinnen verlor ich alsbald aus den Augen, denn nun musste ich vom Dorf mit dem Bus in die 20 Kilometer entfernte Stadt pendeln. Ohne eine Freundin an meiner Seite.

Natürlich kam ich in eine neue Klasse mit neuen Kindern, doch außer mir, einem Jungen aus der Nachbarschaft und einem weiteren Mädchen kam niemand aus meinem Dorf. Viele der anderen Kinder aus der neuen Klasse kannten sich bereits seit der Grundschule und hatten längst ihre beste Freundin oder ihren besten Freund gefunden. Wieder wwar ich nur fünftes Rad am Wagen. Aber ich hatte noch Hoffnung, hatte meine Mutter mir doch versprochen, ich würde später gute Freundinnen finden.

Dann zogen wir erneut um. Dieses Mal vom Dorf zurück in die Stadt, doch leider nicht in den Stadtteil, in dem meine Schule lag und in dem meine Klassenkameradinnen lebten. Wenn ich mit ihnen die Nachmittage verbringen wollte, musste ich erst einmal 45 Minuten mit dem Bus quer durch die Stadt fahren, um von meinem Zuhause aus zu ihnen zu kommen. 45 Minuten hin, 45 Minuten zurück – da war ein Nachmittag schnell vorbei.

Blieben also die Mädchen an meinem neuen Wohnort. Doch auch da kam ich wieder nur mit solchen zusammen, die bereits ihre beste Freundin auserkoren hatten. Ich war zwar nicht alleine, aber die Freundin, mit der ich hätte Pferde stehlen können, fand ich nicht.

Oft flüchtete ich mich dann in meine Welt der Bücher, tauchte in die Geschichten der echten Mädchenfreundschaften ein, identifizierte mich teilweise so sehr mit den Figuren, dass ich über Jahre hinweg den Spitznamen eines Mädchens aus den *Hanni und Nanni*-Büchern zu meinem eigenen machte. Aber natürlich spürte ich auch, dass das Ganze eine Scheinwelt war.

Als ich 14 oder 15 Jahre alt war, lernte ich ein Mädchen kennen, das ich wirklich sehr mochte. Es hätte sicherlich diese eine Freundin werden können, mit der einen etwas ganz Besonderes verband. Ja, wenn nicht meine Mutter dazwischengefunkt hätte. Sie mochte Sabine nämlich nicht und auch nicht deren offene Art. Also war Sabine von da an bei uns in der Wohnung nicht mehr gerne gesehen.

In späteren Jahren ist es mir immer wieder so ergangen, dass ich nur Mädchen oder Frauen kennengelernte, die bereits eine beste Freundin an ihrer Seite hatten. Das ein oder andere Mal versuchte ich, mich zwischen zwei Freundinnen zu stellen, was natürlich nicht gelang. Und was sicherlich auch nie gut gegangen wäre.

Immer wieder aber stellte ich mir auch die Frage, was meine Mutter damals wohl gemeint haben mochte, als sie sagte: „Richtige Freunde findet man erst später."
Vielleicht hätte ich, wenn schon nicht als Kind, dann vielleicht später besser hinschauen sollen. Meine Eltern hatten nie Freunde. Bei uns kam nie jemand zu Besuch. Und meine Eltern fuhren nie irgendwo hin. Feierten keine Feste, luden – außer der Verwandtschaft – nie jemanden ein. Auch mein Bruder, acht Jahre jünger als ich, hat bis heute keine Freunde. Und hatte sie auch als Kind nicht.
Es ist natürlich nicht so, dass ich nie mit jemandem befreundet war. Natürlich gab es immer Menschen, die mich ein kleines Stück des Weges begleitet haben. Freundschaften zu pflegen, habe ich jedoch – leider – nie wirklich gelernt. Viele kamen, viele gingen – heute ist mein Mann mein bester Freund. Und der einzige. Dennoch bleibt die Sehnsucht nach der einen Freundin, mit der man durch dick und dünn gehen kann. Die einen versteht und für die man alles tun würde.

Vielleicht kommt *später* ja noch einmal.
Wer weiß.
Die Hoffnung stirbt ja bekanntlich zuletzt.

Nanja Holland *ist ein Kind der Sechzigerjahre und arbeitet als freie Journalistin.*

Das verschwundene Kaninchen

Es war 7 Uhr in der Früh. Emmas Wecker klingelte. Sie wachte auf und schrie laut: „Jippie, Lisa und ich dürfen heute zwei Haustiere aussuchen." Emma und Lisa waren beste Freundinnen und machten eigentlich immer alles gemeinsam.

Emma eilte zum Telefon und rief Lisa an. Sie nahm sofort ab: „Hi, Emma, weißt du schon, was wir für zwei Tiere nehmen könnten?"

Emma überlegte nicht lang: „Vielleicht zwei Kaninchen?"

„Ja, das ist eine gute Idee", meinte Lisa. „Komm, wir gehen ins Tierheim und suchen uns zwei Häschen aus. Wir treffen uns in einer Stunde dort."

Nach dem Frühstück holte Emma ihr Fahrrad aus der Garage und fuhr sofort los.

Am Tierheim angekommen, liefen alle Angestellten aufgeregt umher. Lisa fragte „Was ist passiert?"

Larissa, die Chefin des Tierheims, war ganz aufgeregt: „Unsere zwei Kaninchen sind weg! Wollt ihr uns helfen, sie zu suchen?"

„Na klar!", antworteten Emma und Lisa wie aus der Pistole geschossen.

Larissa schlug vor, dass die beiden Mädchen am Dorfrand suchen sollten. Eine Minute später radelten die beiden Mädchen los. Sie fuhren zum Dorfrand.

Dort dachten sie sich: „Oh je! Die zwei Kaninchen könnten hier überall sein!"

„Lisa, du schaust am Fluss und ich im Wäldchen!"

„Okay!", sagte Lisa. Dann fiel ihr ein, dass sie gar nicht wussten, wie die zwei Kaninchen aussahen!

Zum Glück hatte Emma ihr Handy dabei und sie rief die Chefin des Tierheimes an: „Hi, Larissa, wie sehen die verschwundenen Kaninchen eigentlich aus?"

„Oh, Entschuldigung, das habe ich in der ganzen Aufregung vergessen zu sagen, das eine ist schwarz mit ganz vielen weißen Flecken am

Körper und das andere ist ganz schwarz. Sie haben beide Schlappohren, der schwarz-weiße heißt Schneeflocke und der ganz schwarze hat den Namen Kleiner Donner", antwortete Larissa. „Viel Glück noch! Tschüss, ihr beiden!"
Emma erzählte alles Lisa und eilte zum Wäldchen. „Wo könnten sie wohl sein", meinte Emma. Sie suchte das ganze Stück ab, aber nirgendwo waren die Kaninchen zu sehen. Aber dann fiel ihr ein, dass Lisa noch am Fluss suchte. Emma rief aufgeregt Lisa an: „Hallo, Lisa. Und? Hast du sie schon gefunden? Im Wäldchen ist keine Spur von den beiden."
„Jaaaa, hier sind zwei Kaninchen, eines ist weiß-schwarz, das andere schwarz, das müssen sie sein!"
„Jippie, ich komme sofort zu dir, pass auf, dass sie nicht weglaufen!", rief Emma wie aus der Pistole geschossen. Sie schnappte ihr Fahrrad und fuhr los.
Bei Lisa am Fluss angekommen, sagte sie: „Lisa, das ist ja spitze, das sind Kleiner Donner und Schneeflocke." Die Kaninchen waren sehr zutraulich und ließen sich von den beiden Mädchen auf den Arm nehmen.
„Los, los, los", sagte Emma, „wir schieben die Fahrräder und bringen die zwei gleich zum Tierheim zurück." Die Hasen schauten neugierig aus den Fahrradkörbchen der Mädchen und kamen so wieder sicher nach Hause.
Im Tierheim war die Freude groß, dass Emma und Lisa die beiden Kaninchen gefunden hatten. Larissa meinte dann: „Ihr habt das so toll gemacht, dass ihr die beiden behalten könnt, wenn ihr wollt. Ich sehe, sie fühlen sich wohl bei euch."
„DANKE!", riefen Emma und Lisa. Und dann spielten sie den ganzen Tag mit den beiden Kaninchen.

Linda Weißgerber, neun Jahre alt.

Der Seeschwurf

Lexikon:
Der europäische Seeschwurf, häufig auch nur Schwurfi genannt, ist eine Säugetierart aus der Familie der Seeschwürfe innerhalb der Ordnung der Allesfresser. Er kommt als einziger Vertreter der Gruppe in Mitteleuropa vor. Sein Lebensraum befindet sich grundsätzlich am Wasser wie Nord- oder Ostsee, aber auch in südlichen Bergregionen ist er an einigen Flüssen beheimatet.
Die Tiere besitzen einen 20 Zentimeter hohen, zylindrischen Körper mit kurzem Hals und rund zulaufendem Kopf. Das Fell hat überwiegend einen nachtblauen Farbton, es kommen aber verschiedene Farbvarianten vor. Markant sind die neongelben Schwimmflossen, die der Seeschwurf bei Nichtgebrauch an einem Gürtel um seinen Bauch trägt. Sie dienen ihm im Wasser als Fortbewegungsmittel. Seine Pfoten, die nur einen Daumen besitzen, unterstützen ihn beim Tauchen und er kann bis zu 30 Stundenkilometer Geschwindigkeit erreichen. An Land bewegt sich das Tier sowohl auf zwei als auch auf vier Beinen eher gemächlich, kann aber bei Bedarf gummiballartig mit einem Pjongsprung in die Höhe springen. Im Zusammenleben mit Menschen sind Seeschwürfe fähig, individuell aber unterschiedlich, sprachlich zu kommunizieren.

Seenotrettung
Es war einmal ein Seeschwurf, der buddelte sich leicht verschlafen aus seinem unterirdischen Sandloch heraus. Die Sonne war gerade erst über der Insel Snörningsjö aufgegangen und Schwurfi streckte seine nachtsteifen Glieder als Morgengymnastik in alle Himmelsrichtungen aus. Dabei schaute er um sich herum und entdeckte einen Nachtfalter, der taumelnd von der Strandpromenadenlaterne aus auf den FKK-Bereich zusteuerte.
„Eins, zwei, drei, vier, fünf, sechs, sieben. Hast dich nachts wohl rumgetrieben", dachte Schwurfi amüsiert. Er griff nach dem Fernglas,

das immer griffbereit am Ausgang der Höhle lag, und schaute sich die Situation genauer an.

Der Falter wirkte leicht benommen und verwirrt. Als hätte er am Abend ein Gläschen zu viel getrunken. Soweit Schwurfi erkennen konnte, war er nicht verletzt, doch die morgendlichen Windböen spielten mit dem Kleinen wie mit einem Federball. Hin und her ging es in diesem ungleichen Match. Mal ließ der Wind ihn in die Höhe schnellen, um ihn gleich darauf in den Sand zu schleudern. Dann wieder zog eine Böe ihn an den Beinen zurück in die Lüfte.

Schwurfi stellte das Fernglas schärfer und sah, dass Sandkörner an den Fühlern des Unglücklichen klebten und der linke Flügel einen feinen Riss bekommen hatte. Die Augen des Falters schimmerten schwarz vor Angst. Die nächste Windböe geriet unter seinen Bauch und wehte ihn aufs Meer hinaus. Der Kleine begann zu zappeln und orientierungslos herumzuflattern. Im nächsten Augenblick landete er auf dem Wasser.

Schwurfi sprang auf. Er legte das Fernglas beiseite und stellte sich aufrecht in den Sand. Dann hielt er seine Pfote salutierend an die Stirn. Wie ein kleiner, fellgesichtiger General rief er: „Schnurli Wupp, tatütataa, Seeschwurfrettung ist bald da!" Mit einer schnellen und fließenden Bewegung, der man anmerkte, dass sie nicht das erste Mal ausgeführt wurde, löste er seine neongelben Schwimmflossen vom neongelben Gürtel, schlüpfte hinein, dass das Gummi nur so quietschte, und sprang mit einem Kopfsprung in die Wellen.

Den ersten Moment, wenn sein Körper die Kühle des Wassers spürte, liebte Schwurfi besonders. Da freute sich jede Zelle in ihm, als wäre sie eine glückliche Zitrone. Zügig paddelte er auf den Falter zu und kurz darauf erreichte er ihn. Beim Näherkommen erkannte Schwurfi, dass der Kleine mit weit ausgestreckten Flügeln auf dem Wasser lag, den Kopf zur Seite gedreht.

„Schnurli Wupp, tatütataa, Seeschwurfrettung ist schon nah!", rief er lauthals, atmete einmal kräftig ein und tauchte hinab, um sich unterhalb des Falters zu platzieren. Kleine Luftblasen begleiteten seinen Weg. Dann schwamm er zurück an die Wasseroberfläche. Den Falter lotste er dabei gekonnt auf seinen Rücken. Der blieb dort wie angeklebt haften. Ruhig schwimmend bewegte sich Schwurfi vorwärts, stets darauf achtend, seinen Kopf und vor allem den Rücken über Wasser zu halten, damit der Verletzte nicht noch mehr davon schlucken musste. Schwurfi stimmte zu dessen Beruhigung eine Art Singsang an:

„Schwippe, schwappe, schwippe, schwappe. Halt nur bitte deine Klappe."

Der Kleine gab allerdings sowieso keinen Mucks von sich. So konnte Schwurfi ihn sicher an Land bringen. Dort angekommen, schüttelte er sich wie ein Hund, der nach einem Regen nach Hause kommt. Dabei flog der Falter in hohem Bogen von seinem Rücken. Schwurfi schaute auf den kleinen Kerl, der einige Meter von ihm entfernt im Sand gelandet war. Ärgerlich! Was hatte er da wieder angerichtet. Nach jeder Seenotrettung passierte ihm dieses Missgeschick. Der einlullende Reim hatte den Nachteil, dass auch Schwurfi selbst so entspannte, dass er seine Schützlinge einfach auf dem Rücken vergaß.

„Oh, mei, oh, mei! Verzeih!", flüsterte er an die Stelle, an der er das Ohr des Falters vermutete, und pustete sanft hinein.

Eine Weile regte sich nichts bei dem Geretteten. Doch dann ging ein Zittern und Rascheln durch den kleinen Körper. Schwurfi hielt vor Aufregung die Luft an. Die Flügel bewegten sich. Gleich darauf schlug der Falter die Augen auf und schaute Schwurfi mit fragendem Blick an.

„Wo bin ich?", hörte man ein piepsiges Stimmchen „Was ist passiert?"

Schwurfi hätte dem Falter gern beruhigend auf den Rücken geklopft, aber dafür war seine Pfote zu groß. Deshalb sagte er zu dem hustenden Falter: „Alles keine Schwierigkeit. Ab jetzt bist du in Sicherheit. Bleib noch eine Weile liegen, dann kannst du weiterfliegen." Er lief zu seiner Höhle und kramte aus der hintersten Ecke eine ausgeblichene, rote Plastikdose hervor. Dann lief er zurück zu seinem Patienten, untersuchte ihn gründlich, um erfreut festzustellen, dass der Unfall glimpflich verlaufen war. Die Flügel waren in der Luft schon fast getrocknet und den kleinen Riss konnte man gut mit Sanddornsalbe behandeln. Schwurfi schraubte die Dose auf und tupfte die Creme sorgsam auf die empfindliche Flügelhaut.

„Ja, das liegt hier in der Luft, dieser wunderbare Duft. Unser Inselelixier, das gehört allein nur dir!", sagte er und zwinkerte dem erschöpften kleinen Falter mit dem Auge zu.

Als sie sich verabschiedeten, sagte der Nachtfalter: „Du kannst gern Motte zu mir sagen!", und flog glücklich zu seinen Freunden.

Schwurfi spazierte ebenfalls glücklich am Strand entlang. Es war angenehm ruhig geworden am Meer und die Stille hüllte ihn ein. Der Wind hatte sich gelegt und die Touristen waren noch beim Frühstück.

So konnte Schwurfi ausgiebig die See betrachten und über seine morgendliche Höchstleistung nachdenken.

„Also ehrlich, es ist herrlich! Ich bilde mir heut' etwas ein, denn ich bin ein Helferlein!", sagte er mit gerührter Stimme.

Zufrieden kehrte er zu seiner Höhle zurück, kroch hinein und suchte sich einen Käsecracker. Er machte es sich auf seinem Strohlager gemütlich. Auf dem Rücken liegend, knabberte er seinen Cracker und dachte: „Rettung am Morgen vertreibt Kummer und Sorgen!"

Schwurfi begann zu grübeln. Von seiner morgendlichen Aktion müsste er auf jeden Fall dem Vorsitzenden der Wasserwacht von Snörningsjö berichten. Und zwar in allen Einzelheiten. Die Sterne standen gut für ihn, das fühlte Schwurfi. Heute würde er sich endlich trauen, seine Bewerbung bei der Wasserwacht abzugeben. Ein Mitglied im

Rettungsteam von Snörningsjö zu werden, das war Schwurfis größter Wunsch. Nun aber überlegte er erst mal, ob er ein Nickerchen nach der ganzen Aufregung machen sollte. Doch in der Zwischenzeit war er hungrig geworden. Da reichte ein Cracker nicht aus. Mit leerem Magen konnte Schwurfi nicht einschlafen. So kroch er seufzend wieder aus der Höhle heraus und machte sich auf den Weg ins Dorf.

„Ist ja nur ein kurzes Stück, bald gibts Brötchen, was für'n Glück", sagte er fröhlich und marschierte los.

Martina Schnecke: *Jahrelang das Higgs-Teilchen in den unendlichen Weiten des Weltraums gesucht und auch gefunden. Unterwegs die Ausbildung zur Clownin an der Clownschule Hannover gemacht und seit 2011 mit Leib, Seele und übersprudelndem Herzen als Klinik-Clownin Dr. Ferdi unterwegs in den Kliniken und Senioreneinrichtungen in Bayern.*

Groß und Klein

„Die Welt ist groß", meinte die Maus und sprang mit einem Fallschirm vom Hochhaus. Sie genoss den Flug und die sanfte Landung. Der Elefant empfand die Welt als klein, nachdem er ein Haus aus Stroh platt gewalzt hatte. Er spürte nur ein Kitzeln an seinen Füßen. Sie trafen sich. Nachdem jeder dem anderen sein Leid geklagt hatte, wurden beide aufeinander sehr wütend, denn jeder wollte recht haben und sie begannen sich zu streiten. Der Elefant bekam Angst vor der kleinen Maus.

Ein Fuchs hörte das Geschrei und kam den Streithähnen zu Hilfe. Mit einer List wollte er die Fehde beilegen. „Derjenige, der die größte Last durch die kleinste Tür tragen kann, hat gewonnen und ist nicht nur das stärkste Tier auf der Welt, sondern bestimmt, ob die Welt groß oder klein ist", sprach er zu den beiden.

Für den Elefant war es ein Leichtes, viel zu heben, aber immer wenn er durch eine kleine Tür ging, nahm er die Wand gleich mit. Nach mehreren Anläufen gab er erschöpft auf. Auch die Maus versuchte mehrfach, viel zu heben, brach aber immer wieder zusammen. Sie nahm ein kleines Bündel Stroh und ging durch ein Mauseloch.

Der Fuchs aber sprach: „Das ist zu wenig Gewicht." Auch die Maus gab nach mehreren Anläufen auf.

Der Fuchs rief alle beide wieder zu sich und erklärte ihnen: „Nun habt ihr es gesehen, keiner konnte meine Aufgabe lösen. Also habt ihr beide auf eure Weise recht. Es kommt nämlich ganz darauf an, von wo und wie man die Welt betrachtet. Sie kann einem einmal sehr groß erscheinen, als ob sie nirgends enden würde. Zu einem anderen Zeitpunkt glaubt man, die Welt sei ein Dorf."

Versuche dich in die Sichtweise des anderen hereinzudenken, bevor du stur nur deinen eigenen Standpunkt vertreten willst.

Andreas Rucks, *geboren 1979 in Stollberg/Erzgebirge, Erzieher im Bewegungskindergarten in Aue-Bad Schlema.*

Tom Sawyer und Huckleberry Finn

Wir waren beste Kameraden,
kein Freundschaftsdienst war uns zu schwer,
mit Lebenslust so reich beladen,
als gäbe es kein *morgen* mehr.

Ich gab wohl eher den Tom Sawyer
und du den Huckleberry Finn.
Die Freundschaft war uns lieb und teuer,
ein absoluter Hauptgewinn!

Wir waren eins in den Gedanken,
die Welt gehörte uns allein!
Es gab kein Nein und keine Schranken,
wir konnten frei wie Vögel sein!

Wir rannten über Stoppelfelder,
der Duft von Freiheit tat uns gut!
Wir streiften sorglos durch die Wälder,
mit Abenteuerlust im Blut.

Die Zeit, die uns so lang verbunden,
sie hat uns letztlich doch getrennt.
Heut' denk' ich an die schönen Stunden,
sie bleiben ewig existent ...

Mit Wehmut fühl' ich jene Zeiten,
so froh und frei, so unbeschwert!
So werden sie mich stets begleiten,
wenn meine Sehnsucht wiederkehrt ...

Klaus Enser-Schlag, *geboren in Stuttgart, ist Hörspielautor beim SRF (Schweizer Radio und Fernsehen). Bisher wurden 22 Hörspiele in Zürich und Basel von ihm produziert. Erster Rundfunkbeitrag für den SWR. Veröffentlichung von knapp 1200 Gedichten, zahlreichen Kurzgeschichten, Songtexten und Internet-Artikeln sowie verschiedenen Beiträgen für Anthologien. Der Autor lebt heute in der Nähe von Hamburg.*

Die Kleebande

Mit schläfrigen Augen wacht Mika auf. Und dann fällt es ihr wieder ein: Heute ist ihr erster Schultag! Schnell springt sie aus dem Bett und macht sich fertig.

Es ist ihr erster Tag in der Hänriea-Schule, weil Mika umgezogen ist. Sie ist jetzt am Anfang der vierten Klasse. Mika macht sich auf den Weg. Da sieht sie einen blonden Kopf mit vielen Locken und dann sieht sie das Gesicht dazu. Es ist ein Junge. Mika geht zu ihm hin und fragt: „Wo ist denn hier der Weg zur Hänriea-Schule?" Der Junge wird knallrot und geht weg. Mika rennt ihm hinterher, doch bevor sie ihn erwischt, sieht sie die Schule.

Die Schule ist groß und braun mit blauen Fenstern und einer gelben, großen Glocke. Und mit einem Skateplatz davor. Und da ist der Junge! Mika rennt zu ihm, aber da verschwindet er schon im großen schwarzen Tor. Sie geht auch hinein und sucht ihre Klasse – da ist der Raum der 4c. Dort sind Zweier-Plätze aufgestellt. Auf einem der Plätze klebt ihr Name.

Die Lehrerin sagt: „Dorthin, wo dein Name klebt, kannst du dich hinsetzen." Und da sitzt – der Junge, er heißt Sol. Die Lehrerin sagt: „Schlagt alle eure Bücher auf!" Und dann ... knallt es!

Im Wissenschaftslabor ist etwas umgekippt. Die Lehrerin schreit: „Alle nach Hause! Alle nach Hause!" Die Kinder gehen nach Hause, außer einem Mädchen mit roten Locken und einem Pony.

Das Mädchen geht zu Mika und spricht sie an: „Willst du meine Freundin sein?"

Mika stottert: „J...ja!"

Das Mädchen sagt: „Super, wir treffen uns morgen genau hier. Tschüss!" Mika ist ganz überrascht und geht nach Hause.

Als Mika zu Hause ankommt, fragt ihre Mutter: „Wieso bist du schon so früh zu Hause?" Mika sagt gar nichts, sondern geht einfach in ihr Zimmer.

Am nächsten Morgen geht Mika zum gleichen Platz, an dem das

rothaarige Mädchen sie gestern gefragt hat, ob sie seine Freundin sein möchte. Da steht das Mädchen! Es sagt „Hallo" und Mika sagt das auch. Die beiden gehen in die Schule.

Die Lehrerin sagt: „Bitte die Bücher wieder aufschlagen!"
Danach haben die Kinder Mathe-Unterricht. Mika und die anderen Kinder schreiben einen Test und gehen dann in die Hof-Pause. Dort sitzt das rothaarige Mädchen und weint. Mika geht hin und fragt: „Wie heißt du eigentlich und warum weinst du?"

Das Mädchen sagt: „Ich heiße Elenora und mein Mathe-Test ist schlecht gelaufen." Elenora wischt sich die Tränen aus dem Gesicht und die beiden Mädchen springen zusammen Seil.

Auf einmal stoppt Elenora. Sie sagt: „Wir können eine Bande gründen!"

Mika antwortet: „Puuuuh, okay! Aber wir brauchen einen Namen."
Elenora sagt: „Ja, natürlich."
Die beiden Mädchen überlegen und überlegen. Elenora schlägt als Namen *Die Federbande* vor.

Mika gefällt das nicht: „Vielleicht nennen wir uns *Die Pflaumenbande*?"

Elenora sagt: „Nö, das gefällt mir nicht."
Die beiden Freundinnen überlegen weiter. Aber dann klingelt es zur nächsten Stunde.

Nun hat die Klasse 4c Sachkunde. Die Kinder sollen verschiedene Baumarten aufschreiben. Mika fallen aber keine ein, weil sie die ganze Zeit an den Bandennamen denken muss. Und dann hat sie eine Idee: die Kleebande! Mika ist der Name eingefallen, weil im Klassenzimmer ein Bild von einem Kleeblatt hängt. Mika springt vor Freude auf und die Lehrerin ruft: „Sofort das Hausaufgabenheft hergeben, Mika!"

Mika beißt sich auf die Unterlippe und wird ganz rot im Gesicht. Die ganze Klasse schaut sie merkwürdig an – und da bemerkt Mika, dass sie vor Freude auf den Tisch gesprungen ist. Es klingelt zur Frühstückspause.

Mika beißt in ihr Vollkornbrot mit Quark und Gurkenstückchen, das ihre Mutter heute Morgen für sie gemacht hat. Und ihr Bauch kribbelt, als wären 1000 Schmetterlinge drin.

Nach der Schule geht Elenora mit zu Mika nach Hause. Aber dort ist gar nichts los. Also gehen die Mädchen nach draußen. Elenora wirft sofort einen Blick auf den alten Baum, der vor vielen Jahren vor der

Haustür bei einem Sturm umgekippt ist. Neben dem alten Baum ist ein großes Loch, wo ungefähr fünf Menschen hineinpassen würden. Und Elenora sagt zu Mika: „Das könnte unser neuer Treffpunkt werden, wenn wir einen Namen haben."
Mika schlägt ihre Idee vor und Elenora gefällt *Die Kleebande*. Doch Elenora muss schon wieder gehen.
Am nächsten Tag müssen die beiden Freundinnen wieder in die Schule gehen. Mika sieht dort ihren Sitznachbarn Sol mit seinem Freund Artur. Als Sol Mika anschaut, wird er wieder rot. Er ist ja ein richtiger Rotwerder! Dann gehen sie in den Klassenraum.
Nach der Schule geht Mika nach Hause und schaut in den Briefkasten. Dort liegt ein Brief. Aber er ist nicht für Mika, sondern für Silas Sonnenmann aus der Krosandstraße. Mika nimmt den Brief mit ins Haus und zeigt ihn ihrer Mutter.
Die sagt: „Wir können den Brief doch an den Silas schicken!"
Mika findet, das ist eine gute Idee. Sie schickt ihn ab.
Nach ein paar Tagen ist wieder etwas im Briefkasten – Silas hat etwas geschickt, dieses Mal an Mika! Ein kleines Päckchen! Mika machte es auf, es ist ein Bild von ihm darin. Er hat braune Haare. Mika kommt der Junge bekannt vor. Und dann fällt es ihr ein: Er war in ihrer früheren Schule! Ein Junge aus der Klasse 3c. Am Wochenende schreibt Mika ihm zurück, dass sie ihn kennt und dass sie mit ihrer Freundin Elenora eine Bande gegründet hat.
Es dauert nur ein paar Tage und Mika bekommt eine Antwort. Silas schreibt, dass er sich auch an Mika erinnert. Und: Dass er Mika mal besuchen möchte und gerne mit ihr eine Brieffreundschaft hätte.
Mika ist ganz überrascht. Sie hat noch nie einen Brieffreund gehabt und sie hat nicht geglaubt, dass sie jemandem aus der alten Schule noch einmal treffen würde. Sie sagt es sofort ihrer Mutter – die ist auch sehr überrascht.
Ein Wochenende darauf kommt Silas auch schon zu Besuch. Mika und Silas besuchen gemeinsam Elenora.
Die Freundin sagt: „Hey, wir brauchen ja eh noch einen Jungen in der Kleebande! Wollen wir ihn aufnehmen?"
Mika findet, dass das eine super Idee ist, wenn Silas Lust hat.
Der sagt: „Das ist sogar eine klasse Idee! Ich ziehe nämlich auch um und gehe dann auf eure Schule." Elenora und Mika sind darüber sehr glücklich.

Dann gehen Mika und Silas wieder nach Hause und ins Bett. Vor dem Einschlafen denkt Mika an die Kleebande und freut sich schon auf die vielen Abenteuer. Bald schläft sie glücklich ein. Der Umzug war eine richtig gute Idee!

Juli Arens *ist acht Jahre alt. Sie geht in die dritte Klasse in Berlin. Sie denkt sich gerne Geschichten aus. Ihre Kleebande soll ganz viele Abenteuer erleben. Die möchte sie alle noch aufschreiben.*

Wer hätte das gedacht?

Der Elefant ging traurig durch den Zoo
und fand es gar nicht schön, allein zu sein.
Er traf die Maus, die drüber gar nicht froh,
dass unterwegs sie meistens ganz allein.

Die zwei zusammen passten eigentlich
ja überhaupt nicht, wie gesehen man.
Sie fürchteten auch erst ein bisschen sich,
um sich allmählich doch zu freunden an.

Sie wurden schließlich unzertrennlich gar.
Man sah sie ständig miteinander geh'n.
's war ihre Freundschaft seltsam, aber wahr.
Das hatten alle Zweifler einzuseh'n.

Zwei Freunde, einer groß, der andre klein,
von denen keiner jemals mehr allein!

Wolfgang Rödig *lebt in Mitterfels. Er hat seit 2003 mehr als 700 belletristische Kurztexte in Anthologien, Literaturzeitschriften, Tageszeitungen, Magazinen und Kalendern veröffentlicht.*

Ein Berg aus Stuhl

Abends saß das Kind mit seinem Großvater auf der staubigen Couch der Wohnstube und lehnte sich im blauen Flimmern des alten Röhrenfernsehers an den großen, schweren Oberarm des Alten. Im Fernseher liefen Seifenopern, deren Inhalte das Kind nur wenig interessierten. Denn den Großvater schien es genauso wenig zu interessieren, was auf dem Bildschirm vor sich ging. Es war, als parkte er, nach einem langen Arbeitstag auf dem Schrottplatz, seine Augen auf dem flackernden Rechteck über den mit Schnapspralinen, Lesebrillen und Fernsehzeitschriften beladenen Glastisch hinweg.

Der Alte nahm dabei eine ähnliche Energie an, wie sie die Tontiere hatten. Die töpfernen Hunde, Igel und Mäuse, die Pinguine, die Maulwürfe und Kätzchen umgaben die von Gardinen verhangenen Fenster und die Vitrinenschränke, um von dort aus ihre leeren Blicke auf dem Kind und dessen Großvater liegenzulassen. Fast alle von ihnen hatten ein menschliches Grinsen, das einfach nicht in ihre Tiergesichter zu gehören schien.

Das Kind sah die Tiere nicht gern an. Die Struktur ihrer Oberflächen, die ganz verstaubt waren, hatten etwas Übelerregendes. Doch sie standen überall in der Wohnstube. Und so wollte das Kind an den Abenden im Haus der Großeltern es den Tieren aus Ton und dem Großvater aus Fleisch gleichtun, drückte sich mit der Schläfe in den massigen Arm des alten Mannes und ließ seine kleinen Augen auf dem Bildschirm nieder, bis beide in der blau flackernden Dunkelheit einschliefen. Nur die künstlichen Tiere schlossen nie ihre kalten, gläsernen Augen.

Die Masse der großväterlichen Oberarme hatte in dem Kind immer schon eine respektgetränkte Bewunderung ausgelöst. Den anderen Kindern in der Schule hatte das Enkelkind so oft versucht, die Bedeutung dieser mächtigen Arme zu schildern, die von kaffeefleckartigen Malen und krausem Haar marmoriert waren. Leider ohne Verständnis oder Interesse der Schulkameradschaft. Hätte sich unter der speckigen Haut nicht so eine Masse verborgen, die sich der Alte durch die schwere Arbeit auf seinem Schrottplatz beibehielt, wären Leberflecken und Haare in denselben tiefen Furchen versunken, die schon längst das Gesicht des Großvaters zeichneten.

Ein weiterer, wichtiger Treibstoff für die Masse dieser alten Arme war das deftige Essen, dessen Geruch sich im feuchten Gemäuer des Hauses manifestiert hatte. Kasseler, Sauerkraut, Rotkohl, Kartoffeln, braune Soße, Kapern, weiße Soße, Königsberger Klopse … Der fettig-saure Geruch schaffte es beinahe, den Geruch von Katzendreck, der aus den dunkleren Ecken des Hauses hervordrang, zu bezwingen. Doch statt den olfaktorischen Kampf gewinnen zu wollen, verbanden sich die Gerüche, um gemeinsam mit einer Note feuchten Gemäuers, billiger Seife, Schnaps und Staub den Gesamtgeruch des Hauses zu ergeben. Dieser Gesamtgeruch stellte zusammen mit den Schlagern des Rundfunks die Grundlage für jede Erinnerung, die das Kind an diesen Ort hatte.

Mittlerweile ist es ganz erwachsen. Aber bis heute nimmt es den stechenden Gestank von Katzenurin zuallererst als etwas Heimatliches wahr. Erst wenn die erwachsene Vernunft einsetzt, folgt der Ekel.

Das gesamte Grundstück war mit dem Unrat verschiedenster Tiere gespickt. Der Geruch von Scheiße war ein dauernder Begleiter und lebte Seite an Seite mit dem Geruch von Metallen, die der Großvater auf dem Schrottplatz hinter dem Haus schweißte. Wild, wie domestiziert, machten die Tiere keinen Unterschied zwischen drinnen und draußen. Waschbären schissen die Dachpappen morsch. Vögel spickten die Balken der Scheune mit ihrer Scheiße, worunter die Hühner ihren Mist im Heu verteilten. Die Fliegen verdeckten die Fenster mit ihren Schissen, die Katzen machten sowieso überall hin und der Bock und die zwei Ziegen, die schissen so viel, dass man das Gras eines Teils des Hofes bloß noch erahnen konnte. Doch wer am allermeisten schiss, war Caruso.

Der Hofhund und beste Freund des Kindes pflasterte die Einfahrt bis zum Stahltor der Werkstatt mit Haufen, die durch die treue Diät des Schäferhundes, welche aus Knochen, Brotkanten und billigem Hundefutter bestand, kalkweiß wurden, wenn sie trockneten. Das Kind liebte den Hund und der Hund liebte das Kind. Wann immer das Kind auf den Schrottplatz kam, sprang der Hund aus seiner grübelnden, eingerollten Position heraus auf und leckte den kleinen Menschen von Kopf bis Fuß ab. Das Kind leckte stets zurück und fuhr mit den Patschern durch Carusos fettiges, feuchtes Fell, das an einigen Stellen kahl war vom vielen Liegen auf dem harten Hundehüttenboden. Das Kind verbrachte viele Stunden damit, dem alten Rüden Geschichten zu erzählen, und der alte Rüde freute sich über das quirlige Stimmchen. War der Tag lang und heiß, schliefen sie gemeinsam im Dreck unter einem kargen Apfelbaum, dem einzigen Baum des Schrottplatzes. Caruso passte auf, wenn das Kind einen der vielen Schrottberge erklomm, und fletschte die Zähne, wenn der Bock es ins Visier nahm. Wurde das Kind von dessen Eltern abgeholt, weinten und jaulten beide umeinander und leckten sich gegenseitig ab, im Versprechen eines baldigen Wiedersehens.

Eines Tages, es hätte längst schon Herbst sein müssen, brannte eine Hitze vom Himmel herab, die die Häufchen der Tiere in Rekordzeit austrocknen ließ. Das Kind lag mit dem Kopf auf Carusos Bauch und spürte dessen leidvolles Hecheln. Es war verwirrt von der Hitze. Zwar roch es zwischen den Schwaden von Scheiße und der restlichen Geruchsfront bereits, als sei es ein Herbsttag, doch war es so heiß gewesen, dass sich sein kleiner Oberkörper vor Schweiß im Staub abzeichnete. Es wehte nicht die Ahnung eines Windes. Doch ein paar müde, welke Blätter ließen sich geradewegs auf den trockenen Boden hinab.

Das Kind konnte gar nicht anders, als dieses Phänomen genauer zu bestimmen. Zu dessen Glück war der Schrottplatz stets mit homogenen Bergen von alten Waschmaschinen, Dieselmotoren, Satellitenschüsseln und ähnlichem Schrott vollgeräumt. Sie waren dazu gedacht, in ihre Einzelteile zersetzt zu werden, bis die kleinen, wertvollen Stücke von Altmetall, die der Großvater per Handarbeit aus ihnen förderte, dann verkaufte. Doch bis dahin ließ sich auf den großen Hügeln hervorragend klettern. Dem Alten war es meist zu gefährlich, wenn das Kind auf den Schrott kletterte, doch der blieb für diesen heißen Tag in seinem Bett im kühlen, feuchten Haus liegen und hätte das forsche Gör nicht erwischen können. Das Kind rüttelte Caruso auf und sie suchten sich gemeinsam einen Schrottberg aus, von welchem sich ausmachen ließe, ob es um den Hof herum schon einige Bäume gab, die sich ihres Laubes entledigt hatten. Denn das hätte doch bedeuten müssen, dass es nun Herbst war.

Nach einiger Suche fasste das Kind einen besonders großen Hügel aus alten Bürostühlen ins Auge und zögerte gar nicht, sich an das Besteigen zu machen. Der Turm sah zwar reichlich instabil aus, doch das Kind war ein Experte im Erklimmen solcherlei Wackelpartien. Es hatte über die vielen heimlichen Besteigungsaktionen hinweg so etwas wie einen sechsten Sinn für das Klettern angeeignet. Nur durch einen einfachen Blick und zur Sicherheit vielleicht auch durch eine sachte Berührung konnte das Kind ausmachen, ob ein Gegenstand es halten würde oder nicht.

Der Hund stieß ein besorgtes Winseln aus, doch setzte er sich trotz der prallen Sonne brav auf die Hinterpfoten und passte auf. Würde sich der Großvater nähern, würde Caruso seinen Schützling mit vorsichtigem Bellen warnen. Und wenn ihm auffiel, dass der Ziegenbock, dieses müffelnde Ungetüm, etwas Böses im Schilde führte, dann würde Caruso ihn zähnefletschend über dem gesamten Hof jagen. Oh! Dieses Kind war ihm heilig! Dieses Kind, das dort behutsam den Berg aus Stühlen bestieg, gewissenhaft knarzende Armlehnen und Sockel austestete und sie erst nach strenger Prüfung als Griffe auserkor. Doch Caruso konnte nicht anders, als vor lauter Besorgtheit leise zu winseln trotz aller Disziplin.

Beinahe hatte der kleine Mensch es geschafft, die Spitze des Schrotthaufens zu erklimmen. Es verschnaufte kurz auf einer aufgeschlitzten Sitzfläche, aus der gelber Schaumstoff hervorquoll. Doch dann bemerkte er, wie einer der Nachbarn ihm etwas zurief. Im Augenwinkel konnte er sehen, wie der Nachbar wild mit den Armen gestikulierte. Es schien diesem Erwachsenen nicht zu passen, was das Kind dort tat. Vielleicht sorgte er sich, es könnte zu gefährlich sein. Doch das Kind war gerade im Begriff, oben anzukommen. Es waren nur noch wenige Stühle zu klettern, bis es seinen Blick auf die umliegenden Pappeln werfen konnte. Also fuhr es unbeirrt fort. Ignorierte die Rufe, lenkte seine volle Aufmerksamkeit auf das Besteigen des wackeligen Berges. Es setzte bereits den rechten Fuß auf die Rücklehne des obersten Stuhls und erhob unter rudernden Armen den schweißnassen, kleinen Oberkörper. Das Kind hatte es geschafft. Da stand es auf dem Berg aus Schrott. Hier oben roch es … frisch. Die Gerüche von Scheiße, Sauerkraut und Schimmel waren in diesem Moment nur eine Erinnerung und es nahm sogar einen ganz leichten Wind um die kleine Nasenspitze wahr. Die wilden Rufe des Nachbarn ließ es noch immer ausgeblendet, denn seine Mission war noch nicht ganz erfüllt. Trugen die Bäume ihre Kleider noch? Es schwang seinen Kopf in Richtung der großen

Pappeln und erschrak. Ja, was das Kind sah, ließ es vor Furcht japsen. Von den Pappeln her stieg eine dicke, schwarze Rauchschwarte auf – so dicht, dass sie die stechenden Flammen in den Baumwipfeln nur blitzartig zum Vorschein kommen ließ. Nicht nur die Pappeln brannten, einige Häuser hatten das Feuer bereits angenommen.

Das Kind vergoss, ohne es zu merken, eine Träne um die riesigen Bäume, die ihm den gesamten Sommer lang so lieblich zugewinkt hatten, wenn es auf den Bergen aus Müll stand. Die Rufe des Nachbarn drangen klarer an sein das Ohr heran und nun wurde ihm endlich bewusst, was der Nachbar dort unten von ihm wollte. Caruso brach in ein lautes Bellen aus, doch das Kind stand einfach nur da – mit offenem Mund. Durch einen reinen Zufall, einen kleinen, unvorhersehbaren Witz des Universums verirrte sich in genau diesem Moment eine Fliege in den vor Schrecken offenen Mund des Kindes. Es hustete laut auf, kam ins Wanken, es wedelte mit den Armen und kämpfte um sein Gleichgewicht.

Doch da war es bereits passiert. Der kleine Kinderkörper rutschte zwischen die Stühle, fiel in den Schrottberg hinein, sammelte die Schmiere der Gewinde an sich und hinterließ an ihnen im Tausch Schweiß und metallisches Blut aus der aufgekratzten Haut. Wenn es sich zu halten versuchte, riss es die Stühle bloß mit sich, und so ratschte es vorbei an den Bürostuhlbeinen, den Rollen, Lehnen und Hebeln, bis es irgendwann stecken blieb. Hier unten angekommen, roch das Kind wieder den Geruch des Hofes mit allem, was dazugehörte plus einem neuen Geruch. Dem Geruch des Rauches. Es hörte seinen Freund Caruso bellen und greinen. Das Kind wollte ihm antworten, doch es konnte nicht. Es war plötzlich sehr müde geworden und fragte sich, ob der Nachbar seinen Sturz miterlebt hatte. Es lag dort kopfüber und verkeilt zwischen den Stühlen und fürchtete sich vor den Flammen. Alle Hoffnung des Kindes, welches langsam einzuschlafen drohte, galt nun den starken Oberarmen des Großvaters.

Henry Engelberg, *23 Jahre alt, studiert Philosophie in Leipzig. Er hat noch nicht veröffentlicht, aber an Theaterstücken mitschreiben und -inszinieren zu dürfen, welche im dritten Stock der Volksbühne in Berlin und in einem Theater in Athen aufgeführt wurden. Er schreibt verschiedenste Texte, interessiert sich aber auch für Theater, Film, Fotografie und Musik – alles, womit man eine Geschichte erzählen kann.*

Das Ende einer Freundschaft

Wenn eine lange Freundschaft plötzlich zu Ende ist,
obwohl man das, was schön war, sehr bald vermisst,
jeder dennoch eine Begegnung vermeidend umgeht,
weil noch immer die Enttäuschung im Gesicht steht,
keiner von beiden mehr einen neuen Versuch wagt
und eine mögliche Versöhnung fortwährend vertagt,
dann ist die Beziehung festgefahren, frostig erstarrt,
wo jeder verletzt hartnäckig in seiner Haltung verharrt.

Man wirft wütend weg, was lange Zeit richtig gut war,
lässt womöglich am früheren Freund kein gutes Haar.
Jeder schiebt die Alleinschuld lieber dem anderen zu,
findet jedoch ob der ungeklärten Situation keine Ruh',
redet sich ein: „Was solls, ich bin schließlich im Recht!"
Und egal, was war – man redet sich alles nur schlecht,
bis sich die zwei begegnen und in die Augen schauen
und sich in ihnen meldet lang gewachsenes Vertrauen.

Einer hat den Mumm, als er :„Schwamm darüber!", sagt.
Der andere schlägt gern ein, statt dass er sich beklagt,
sodass sich zwei Freunde stumm in den Armen liegen
und nicht mehr erneut die unschönen Worte aufwiegen.
Beide sind froh darüber, sich jetzt wieder zu verstehen
und wollen künftig die Wege wieder miteinander gehen.
Die gewachsene Freundschaft wird noch tiefer werden.
Wahre Freundschaft ist ein großes Geschenk auf Erden.

Sieglinde Seiler wurde 1950 in Wolframs-Eschenbach geboren. Sie ist Dipl. Verwaltungswirt (FH) und lebt mit ihrem Ehemann in Crailsheim. Seit ihrer Jugend schreibt sie Gedichte. Später kamen Aphorismen, Märchen und Prosatexte hinzu. Ferner fotografiert sie gerne.

Freunde sind wie Blumen am Wegesrand.

Sieglinde Seiler

Überallemaßenmehralsglücklichwohl

Jeden Samstag treffen sich Hase und Igel im Park und diskutieren über Politik und Sport, während ihre Frauen einen Spaziergang machen. Warum sie sich angefreundet haben, wissen sie nicht mehr, aber nach jedem Treffen freuen sie sich schon auf die nächste Woche, darauf, von ihren Abenteuern zu berichten. Der Igel reckt sich und erzählt, wie er sich gelassen in eine stachelige Kugel verwandelt hat, als ein großer Vogel kam, und errötet leicht, als der Hase ihm zu seinem Mut gratuliert. Dafür klatscht der Igel dem Hasen Beifall, als der die Schönheit seiner Haken beschreibt, die er auf der Flucht vor dem Fuchs geschlagen hat.

Vielleicht passen sie so gut zusammen, weil sie einander fremd sind. Aber sie sind offen und auf die Geheimnisse des anderen neugierig, deswegen verstehen sie sich so gut.

Alle bis heute.

Die Frauen haben sich unter fröhlichem Getuschel auf den Weg gemacht, aber beide Männer sind irgendwie schlecht gelaunt. Jeder hat solche Tage. Unter der Woche pflegen Hase und Igel dann einfach vor sich hinzuschmollen, bis sie wieder besserer Stimmung sind. Aber heute sind sie nun einmal verabredet. Wahrscheinlich hofften sie, ihre Wut würde im Gespräch mit ihrem Freund schon vergehen. Aber nachdem die beiden Frauen zum Bummel aufgebrochen sind, fallen nur noch wenige gequälte Worte, und plötzlich fangen sie sogar an, sich zu streiten.

Schließlich räuspert sich der Hase. „Finde ich unterallerkanoneblöd, wenn du so mit mir sprichst", sagt er. „Klar, du hast eine Menge Stacheln, ist aber kein Grund, um sie gegen einen Freund zu richten."

Der Igel ist schon den ganzen Tag wütend auf die Welt gewesen. Jetzt fühlt er sich von oben herab behandelt. Der Hase ist ja auch viel größer als er. Fällt ihm sonst nicht auf, aber heute schon. Heute rümpft er also seine Nase und erklärt, der Hase sei bestimmt bloß neidisch.

Der Hase fühlt sich verletzt, deswegen hört er sich zu seinem eigenen

Erstaunen sagen, immerhin sei er nicht neidisch auf die Schnelligkeit des Igels.

„Klar, schnell", sagt der Igel und verzieht das Gesicht zu einem verächtlichen Grinsen. „Fliehwieeinhasefix." Eigentlich bewundert er den Hasen, wenn der wie ein Blitz über das Feld schießt, aber er ist gerade zu aufgebracht, um sich daran zu erinnern.

Dem Hasen entgeht der Ton des Igels natürlich nicht. Nicht besonders nett, findet er. Überhaupt nicht nett. Seine Schnelligkeit ist das, was ihn am glücklichsten macht. „Genau, sehr fix", sagt er deshalb beleidigt. „Jedenfalls schneller als jeder andere hier."

„Glaubst du", sagt der Igel. Er weiß nicht, warum er so wütend ist. Jetzt genießt er es fast, sich ausgelacht und schlecht zu fühlen, damit er ein Recht darauf hat, zornig zu sein.

„Ganz genau", sagt der Hase angefressen. „Kann ich auch leicht beweisen. Falls hier jemand mein Wort bezweifeln sollte."

Der Igel wird rot vor Wut. „Jemand? Siehst du hier noch einen außer uns?"

„War mehr allgemein gesprochen", versucht der Hase seinen Freund zu beschwichtigen.

Aber der Igel zetert schon, anstelle des Hasen wäre er sich nicht so sicher, ein Wettrennen gegen ihn gewinnen zu können. Albern, klar. Aber gerade ist ihm alles egal. Der Hase schnaubt wütend. Und der Igel denkt, der Hase möchte ihn weiter verhöhnen.

„Traust du dich, gegen mich zu rennen?", fragt der Igel.

„Ist das denn eine Frage des Mutes?"

„Nun", sagt der Igel bissig, er will den Hasen verletzen. „Für euch ist ja alles, was mit Mut zusammenhängt, eine ganz eigene Geschichte."

„Was willst du eigentlich?", faucht der Hase. „Glaubst du, ich wag es nicht, gegen dich zu laufen?"

„Sieht so aus, oder? Ich mache dir einen Vorschlag und du kneifst."

Der Igel lächelt höhnisch, der Hase ist wirklich getroffen. Er weiß, er traut sich viele Sachen nicht. Wenn er den Geschichten seines Freunds lauschte, hat er ihn immer bewundert. Aber trotzdem ist er sich sicher, schneller als sein Freund zu sein. Und eigentlich, denkt er sich trotzig, ist das doch auch offensichtlich, oder?

„Von mir aus können wir um die Wette laufen!"

Dem Igel ist klar, er hat seinen Mund zu voll genommen. Aber wie soll er sich jetzt der Situation entziehen?

„Siehst du den Baum?" Der Hase zeigt auf eine Eiche, die etwa fünfzig Meter entfernt steht, ihre breiten Äste nach beiden Seiten ausrichtet. „Sieger ist, wer die Eiche zuerst erreicht, okay?"
Der Igel möchte gerade nicken, da sieht er die Frauen kommen. Deshalb schlägt er dem Hasen vor, auf die beiden zu warten, damit sie Schiedsrichter sein können. Der Hase ist einverstanden. Als die beiden bei ihnen eintreffen, voll guter Laune, glücklich. Als sie von der Wettlaufidee hören, beginnen die Frauen zu lachen.

„Ist doch albern", sagt Frau Igel und Frau Hase stupst ihren Mann zärtlich in die Seite und sagt ihm, er solle sich nicht so aufspielen.

Aber für die Männer ist das Rennen beschlossene Sache.

„Also schön", sagt Frau Igel. „Wenn es euch glücklich macht ..." Sie gibt das Startzeichen, der Hase hoppelt los. Nach ein paar Sekunden schaut er sich um und sieht den Igel weit hinter sich. Plötzlich wird ihm die Idiotie dieses Unternehmens klar. Als ob sich die Qualität einer Person in ihrer Schnelligkeit zeigte! Schnell läuft er zum Igel zurück, der langsam vor sich hin kriecht.

„Hey", sagt er. „Du bist mein Freund. Mein bester. Verzichten wir doch auf diesen Lauf. Keiner hat gewonnen, keiner verloren. Okay?"

Der Igel schnauft vor Anstrengung. Er fragt sich, warum er sich auf die ganze Sache eingelassen hat. Als der Hase jetzt neben ihm sitzt und ihn betrachtet, wie man seinen besten Freund anschaut, wenn der sich etwas übernommen hat, verpufft seine Wut plötzlich, die den ganzen Tag auf ihm hockte und ihn bedrückte. Er blickt dem Hasen ins Gesicht und sieht dort nur noch seinen Freund.

„Wäre aber nicht gerecht", meint er.

„Was hat das denn mit Gerechtigkeit zu tun?"

„Bist doch so stolz auf deine Schnelligkeit. Willst du wirklich, es heißt, du hast einen Igel nicht im Wettlauf besiegen können?"

Der Hase spürt, den Igel kostet dieses Eingeständnis einiges. „Er ist mein Freund", denkt er sich. „Wirklich albern, mit etwas anzugeben, was ich besser als er kann. Schließlich mag ich ihn, nicht seine Rennkünste."

„Du bist dafür viel mutiger als ich", meint er, um nicht zu lange zu schweigen. Er fühlt erleichtert, zwischen ihnen ist wieder alles so wie sonst.

„Meinst du?", fragt der Igel.

„Na klar ..."

Plötzlich erstarrt der Hase.

„Was ist?", will der Igel wissen.

Der Hase deutet verschreckt nach links. Und jetzt sieht auch der Igel eine Schlange, die sich langsam den beiden nähert und dabei wütend mit ihrem Schwanz klappert und ihren giftigen Zahn zeigt.

Sofort rollt sich der Igel zu einer Kugel zusammen. „Los, geh", sagt er. „Und nimm deine Frau mit."

Lässt sich der Hase nicht zweimal sagen. „Bis nächste Woche", ruft er noch, jagt dann zu seiner Liebsten, sagt Frau Igel Bescheid und verschwindet.

Als sich die Freunde am nächsten Samstag wiedersehen, ist der Igel bester Laune.

„Gut, dass du es überstanden hast", meint der Hase erleichtert.

„Na klar, ich musste ja noch unseren Wettlauf gewinnen."

„Was?"

„Ich war jedenfalls vor dir an der Eiche ... und sag jetzt nicht, es war nicht gerecht."

Der Hase merkt, wie sich sein Kopf vor Wut rot färbt, als der Igel lächelnd abwinkt.

„Spaß ... Erzähl mir von deinen letzten Haken ..."

Der Hase zögert kurz, aber dann denkt er sich: „Was solls?"

„Ich war auf der Flucht vor dem Fuchs", fängt er an ... und plötzlich muss er grinsen, denn die Sonne scheint, er sitzt neben seinem Freund und er fühlt sich wohl, überallemaßenmehralsglücklichwohl.

Christian Reinöhl wurde 1977 in Aachen geboren. Das Märchen vom Hasen und vom Igel schrieb er im Deutschunterricht in der dritten Klasse um, weil er Hasen so gern hatte und es blöd fand, dass sich ein Hase übertölpeln ließ – und seine Lehrerin las es damals lächelnd vor, was eine wunderbare Kindheitserinnerung für ihn ist. Hase und Igel können jedenfalls, davon war er schon damals überzeugt, durchaus Freunde sein, wenn sie nur aufeinander achten – das gilt übrigens seiner Meinung nach für so ziemlich alle Wesen.

Für immer

In der fünften Klasse kennengelernt,
haben wir uns nie voneinander entfernt.
Keine Ahnung, was uns verband,
wir ergriffen einfach vom anderen die Hand.
Gingen zusammen durch dick und dünn, waren füreinander da
und auf die Frage, ob wir was unternehmen,
gab es immer nur ein „Ja".
Die 10. Klasse kam dann schneller als gedacht
und trotzdem haben wir zusammen gelacht.
Schweren Herzens sah ich die Trennung nach der Schulzeit,
aber wir entschlossen uns weiterhin für eine Einheit.
Hatten ein gemeinsames Ziel und meisterten das Abitur,
die ewige Freundschaft war zwischen uns der Schwur.
Im Anschluss machtest du eine Ausbildung und ich wollte studieren,
da mussten wir beide nun agieren,
um uns nicht aus den Augen zu verlieren,
sondern uns weiterhin zu amüsieren.
Uns trennten über 100 Kilometer
aber keiner erhielt den Schwarzen Peter.
Wenigstens einmal im Jahr hielten wir uns die Treue,
stets ein Wiedersehen, was ich nicht bereue.
Unzertrennlich sind wir bis heute,
drum sagen immer all die Leute:
„Seht euch die beiden Frauen an,
die Freundschaft zieht einen in Bann."
Inzwischen gehören den Männern unsere Herzen,
aber wir stehen uns bei in jeden Schmerzen.
Ob Erinnerungen, Freude oder Trauer,
unsere Freundschaft ist einfach für die Dauer.
Ich bin froh, dich an meiner Seite zu wissen.

Und wenn wir uns mal zu sehr vermissen,
dann schicken wir uns eine Nachricht
und fragen einfach nur ganz schlicht:
„Wie geht es dir, was macht das Leben?"
Drum lass uns ein Glas auf die beste Freundin erheben.

Julia Kohlbach wurde 1995 in Thüringen geboren. Nach erfolgreichem Studium der Bibliotheks- und Informationswissenschaft arbeitet sie als Bibliothekarin. Wenn sie sich nicht gerade dem Kreativen Schreiben widmet, geht sie wandern, arbeitet im Garten oder fertigt Handarbeiten an. Erste Veröffentlichungen erfolgten in Anthologien und im Online-Magazin KKL.

Kampf um das Meeresreich

Tief unterhalb einer spanischen Insel im rauen Atlantik befindet sich ein besonderes Meeresreich. Farbenfroh, wie man sich zauberhafteste Märchen ausmalt, und artenreich wie kaum sonst ein Meer. Trotz der Schönheit des azurblauen Wassers bekämpften sich dort die stärksten, gefährlichsten und schlauesten Stämme, nämlich die Haie, Orcas und Riesenkrebse. Sie teilten ihr Meeresreich in drei Reviere auf und solange die anderen Arten nicht die Grenze passierten, gab es keinen Kampf …

An einem dunkelblauen Tage vergiftete die böse Carlota, Königin der Riesenkalmare, drei Fische mit Gas und versah diese mit schmackhaften Gewürzen. Danach ließ sie durch eine List den Anführern der Orcas, Haie und Riesenkrebse diese Fische als Geschenk bringen. Die Stammesführer aßen die mit Gas vergifteten Fische und starben.

Dies war eine traurige Zeit im spanischen Meeresreich und brachte viel Unruhe in die Reviere. Die jeweiligen Söhne der verstorbenen Anführer wurden automatisch neue Stammesanführer. Jung, etwas stur und unerfahren hörten sie selten auf einen Rat der Älteren, was einerseits dazu führte, dass sie nicht anerkannt wurden von ihren Stämmen, und anderseits brachte es sie immer wieder in gefährliche Situationen. Die Älteren warnten sie auch immer wieder, niemals alleine zum Riff zu schwimmen ...

Alberto, der Herrscher der Haie, war bekannt dafür, dass er seine scharfen Zähne in alles grub, was sich bewegte, und ihm deshalb öfter mal die Zähne ausfielen, bis diese nach einigen Tagen wieder nachwuchsen.

Carlos, der Herrscher der Riesenkrebse, hatte schärfere Scheren als alle anderen Krebse und soll es sogar mal mit einem großen Weißen Hai aufgenommen haben, aber niemand wusste, ob diese Geschichte so genau stimmte.

Raoul, der Herrscher der Orcas, konnte höher springen als jeder andere Orca auf der Welt. Manchmal sprang er so hoch, dass er die ganze Weite des Meeres aufnehmen konnte und berührte fast die Wolken. Legenden besagten, dass er sogar mal über ein Kreuzfahrtschiff gesprungen sei, aber auch dies wusste niemand so richtig.

Eines Tages hatten die drei jungen Anführer mal wieder nicht auf die anderen hören wollen und sich an die Grenzen der jeweiligen Reviere und nahe ans Riff begeben. Dort umzingelten sich die drei. Raoul sprang immer wieder aggressiv in die Luft, Alberto zeigte seine scharfen Zähne und Carlos fuchtelte mit seinen spitzen Scherenhänden durch die Luft. Die drei waren so beschäftigt damit, sich auf einen Kampf einzustellen, dass sie die nahenden Fischerboote deshalb nicht bemerkten. Erst als die Netze sich um die drei schlossen und sich das Stahlnetz zusammenzog, bemerkten sie ihren Fehler. Ihre Zähne, Scheren und Sprünge waren machtlos gegen das Stahlnetz. Die Fischer betäubten die drei durch eine Spritze mit Schlafmittel und die drei kamen erst wieder in einem Becken eines Freizeitparks zu sich.

Noch geschwächt von der Betäubung fingen die Halbstarken an, sich zu bekämpfen. Dabei erwischte Alberto Raoul an der Flanke und eine dicke Fleischwunde entstand. Carlos stach seine Scheren in Albertos Auge, dessen Auge stundenlang tränte. Er konnte nichts mehr sehen. Raoul sprang wütend in die Luft, traf Carlos mit einer harten Welle und dieser wurde gegen das Glas geschleudert.

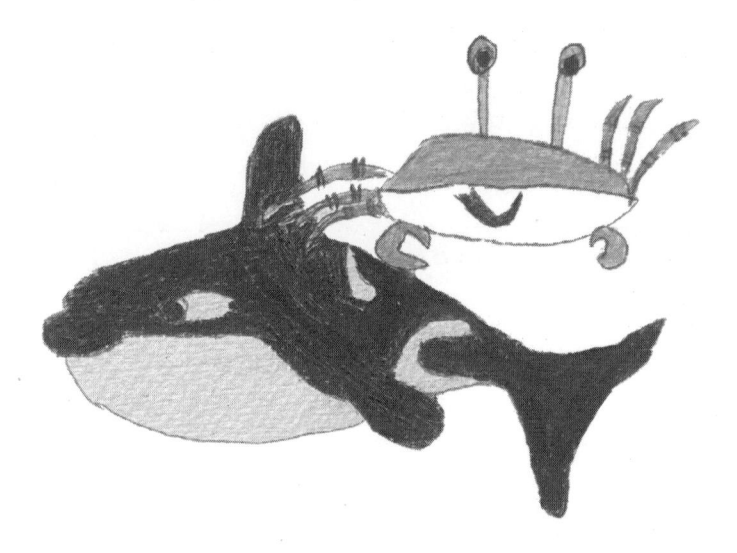

Nun waren die drei verletzt und froh, dass es einen lieben Tierpfleger gab, der alle ihre Wunden versorgte und ihnen etwas über ihr Meeresreich erklärte. Dass man achtsam miteinander umgehen müsse und lieber gemeinsam gegen das Böse kämpfen sollte. Auch sagte er ihnen, dass sie wohl besser nicht allein ans Riff geschwommen wären, wenn sie auf die Alten gehört hätten. Sie verstanden die Worte ihres Tierpflegers, der Diego hieß, sogar lustige Spiele mit ihnen spielte ... und manchmal zwei Fußballtore aufstellte und mit ins Becken sprang, um gemeinsam mit ihnen zu spielen.

Eines Abends kam einer der älteren Orcas, einer der Haie und einer der Riesenkrebse zu dem Becken, in dem die drei jungen Anführer gefangen gehalten wurden. Das war möglich, weil das Becken dicht an das Meer grenzte.

Die drei Alten berichteten davon, dass die böse Carlota das gesamte Meeresreich an sich reißen wolle und so viel Tinte verschoss, dass die drei Reviere dunkelviolett waren und man deshalb keine Fische mehr essen konnte, weil man sie nicht sah. Die drei Anführer waren einerseits froh, die Alten zu sehen, aber dennoch besorgt um ihr Meeresreich. Sie versprachen den Alten, eine Lösung zu finden, und schickten diese wieder zurück zu den Revieren.

„Carlos, Raoul, wir müssen jetzt zusammenhalten. Denkt daran, was Diego uns gesagt hat."

„Und ehrlich gesagt, es tut mir leid, dass ich meine Scheren ausgefahren habe."

„Der Sprung mit der Welle war auch eine doofe Idee von mir."

„Und mein Biss erst recht."

„Hey, wir machen gemeinsame Sache gegen Carlota. Damit wird sie nicht rechnen. Und sind Freunde. Ohne Kämpfe."

„Das ist eine super Idee. Ich finde auch, wir sind Freunde geworden. Oder was meint ihr?"

„Klaro!"

„Jep!"

„Wir sollten das morgen alles mit Diego besprechen. Er hat uns geholfen und war gut zu uns. Außerdem spielt er immer mit uns."

„Das machen wir."

Am nächsten Morgen, die Sonne schien orangegelb am Himmel, sprachen die drei Freunde mit Diego. Er verstand, dass sie wieder zurück ins Meer wollten, dass sie ihr Meeresreich verteidigen mussten ... und sagte ihnen, dass er sich wünschte, dass sie vielleicht eines Tages wieder gemeinsam Fußball spielen könnten.

Der Ausbruchsplan war, dass Raoul mit Carlos auf dem Rücken über das Becken sprang und direkt im Meer landete. So einen weiten Sprung hatte Raoul noch nie gemacht, auch wenn man etwas anderes erzählte. Alberto und Diego feuerten ihn an lautstark an. Er holte tief Luft, während Carlos auf seinem Rücken: „Hiii! Haaa!", schrie.

Weil Alberto zu schwer für Raoul war, musste er mit seinen Zähnen das Glas zerbrechen und kauen, bis es überschwappte und er ins Meer rüberschwamm. Nun fehlten Alberto viele Zähne. Die drei schwammen mit Orca- und Haigeschwindigkeit zurück zu ihren Revieren und Carlos ritt mal auf dem Rücken von Alberto und mal auf dem von Raoul.

Zurück in ihrem Meeresreich war die Sicht durch die Tinte getrübt, aber die drei Freunde waren mutig und holten ihre Stämme zusammen und erklärten ihnen, dass sie gemeinsam gegen Carlota und die anderen Kalmare kämpfen wollten.

Die drei schwammen in der ersten Reihe zu Carlotas Höhle. Diese kam heraus und ihre Größe war Furcht einflößend. Doch die Freunde griffen direkt an, Alberto grub seine letzten Zähne in einen Tentakel von Carlota, Carlos schnitt mit seinen Scheren immer wieder tiefe Wunden in die Tentakel und auch Raoul bohrte sich in die Tentakel von Carlota. Sie verlor einen Tentakel, und als sie dies bemerkte, fing sie an zu zittern. Die anderen Kalmare waren so verängstigt von dem Angriff, dass sie sofort wohl bis ins Bermudadreieck verschwanden.

Zurück in ihre Höhle konnte die verletzte Carlota auch nicht mehr, denn die anderen hatten diese bereits gemeinsam zerstört. So stieß die böse Carlota ein letztes Mal ihre Tinte aus und diese war nicht mehr violett, sondern rot durchzogen, dann schwamm sie davon. Niemals wieder kehrte sie ins Meeresreich zurück.

Die drei Stämme feierten ihren Sieg mit einem gemeinsamen Meeresfest und Fisch satt. Alberto kaute genüsslich an dem Fisch, denn seine Zähne waren längst nachgewachsen.

Zum Festmahl brachten die Riesenkrebse Gläser und Teller aus Gold mit, die Haie eine Schatzkiste voller Schmuck und die Orcas zwei Fußballtore und einen Fußball mit. Die drei Freunde waren glücklich, dass sie keine Feinde mehr waren und als Anführer ihrer Stämme anerkannt wurden. Und so herrschten sie fortan über das Meeresreich.

Nur manchmal vermissten sie ihren Freund Diego ...

Einige Tage nach dem Sieg über die böse Carlota wollten sie Diego seinen Wunsch erfüllen und schwammen zum Freizeitpark. Diego begrüßte sie freudestrahlend, drückte einen Knopf. Ein elektrisches Tor öffnete sich mit einer Schleuse und die drei konnten problemlos in das Becken schwimmen.

„Warum hast du uns das nicht gesagt?", riefen alle drei entrüstet.

„Ihr solltet gemeinsam die Probleme lösen und das Böse besiegen, da konnte ich euch das doch nicht verraten", meinte Diego mit leicht roten Wangen.

Und so vergingen viele Monde, in denen die drei über ihr Meeresreich herrschten. Aber ihre schönsten Tage waren die, an denen sie zu ihrem Freund Diego schwammen und ein Wasserfußballmatch spielten. Und wenn sie nicht gestorben sind, dann spielen sie noch heute …

Alexander Krystosek *ist elf Jahre alt und lebt in Zürich. Er spielt Handball im Verein und liebt Ballsportarten. Seine Mama schreibt regelmäßig Kurzgeschichten für Papierfresserchens-MTM-Verlag.*

Es waren einmal Du und Ich

Wenn wir uns heute wiedersehen,
und Arm in Arm durch die Straßen gehen,
dann hält die Zeit ihren Atem an,
wie sie es nur für die Freundschaft kann.

Wie lange ist es jetzt wohl schon her,
da fand ich dich in einem Menschenmeer,
schüchtern und einsam ganz wie ich,
zwischen schweigenden Tagen fand ich dich.

Und die Welt strich sich in neuen Farben,
wie lachende Kinder sie gerne haben.
Jahre, die kamen und gingen ins Land,
und wir gingen mit ihnen, Hand in Hand.

Du sagst oft, wir hatten die beste Zeit,
beinahe ein Stückchen Vollkommenheit,
bei Rollenspielen und Schulaufgaben,
und Versprechen, die wir in Rinde gegraben.

Es war doch erst gestern, da waren wir klein,
versuchten unser größtes Selbst zu sein –
wir dachten, wir würden immer so leben
und einmal die Welt aus den Angeln heben.

Doch Kindertage vergehen so schnell,
das Leben wird Alltag, hektisch und grell.
Da sind keine Ritter und Prinzen mehr,
der Spielplatz von damals bleibt heute leer.

Wir erträumten Siege und Heldentaten,
wo sind diese Träume bloß hingeraten?
„Sie sind nun erwachsen, das Schauspiel ist aus,
bitte gehen Sie weiter zur Hintertür raus."

Da ist keine Zeit hier für Märchenfiguren,
so mahnt das Ticken der tausend Uhren.
Jetzt treiben wir haltlos mit dem unsteten Wind,
noch nicht erwachsen, aber auch nicht mehr Kind.

Und vielleicht wird einmal die Sonne aufgehen,
und die Welt um uns her wieder stille stehen,
Vielleicht kommt einmal wieder die Zeit,
für Momente der kleinen Vollkommenheit.

Doch ob dieser Tag nun kommt oder nicht,
die Unsicherheit fällt kaum ins Gewicht,
denn wenn wir zu zweit durch die Straßen ziehen,
kann uns kein Märchen der Kindheit entfliehen.

Désirée Braun, *Jahrgang 2000, wohnhaft in einem kleinen Ort im kleinen Saarland, begann mit elf Jahren Geschichten zu schreiben und konnte seitdem nicht wieder damit aufhören. Einige Kurzgeschichten sind in Anthologien erschienen, sowie der Roman „Ein TODsicheres Unterfangen".*

Ein guter Freund ist wie ein Stern:
Auch wenn er nicht da ist, weiß man,
dass es ihn gibt.

Sieglinde Seiler

Glück gehabt

Die Stimmen der Gäste drangen bis zu ihr in die Küche. Deutlich konnte Imke das Lachen von Simone vernehmen, dazwischen das helle Kindergeschrei. Vier, fünf Minuten hatte sie sicherlich Zeit. Niemand würde jetzt reinkommen. Ohne Eile öffnete sie die Kühlschranktür, schob im Gemüsefach den Brokkoli zur Seite und holte die Flasche heraus. Ihr Wasserglas leerte sie in die Spüle und schenkte sich großzügig Wodka ein. Sie nahm einen tiefen Schluck und ließ ihn langsam die Kehle hinunterrinnen. Wohlig fühlte sie die Wärme in sich aufsteigen und goss noch einmal nach.

„Imke?"

Fast hätte sie sich verschluckt. Hastig drehte sie den Schraubverschluss zu, stellte die Flasche zurück und wandte sich um.

„Ach, du bist es, Simone. Was gibts?" Sie bemühte sich um einen unbefangenen Ton, aber sie hörte selbst, wie anders ihre Stimme klang.

Zögernd blieb Simone in der Tür stehen. Sie sah erst Imke an, dann wanderten ihre Blicke zum Glas.

„Entschuldige, dass ich so reinplatze. Stör' ich?"

„Natürlich nicht!", beeilte sie sich zu versichern. „Ich wollte nur noch mal kurz nach dem Essen sehen. Ich komme gleich wieder rein."

Doch leider ließ sich ihre Freundin nicht abweisen und zog die Tür hinter sich zu. „Du bist so komisch. Ist irgendwas nicht in Ordnung?" Wieder musterte Simone das halb gefüllte Glas.

Heftig schüttelte Imke den Kopf: „Alles klar! Ich brauche nur noch ein paar Minuten. Ich komme, sobald das Essen fertig ist."

Unschlüssig blieb Simone an der Tür stehen. „Ich kann dir doch helfen. Dann haben wir Zeit, mal ohne die Männer zu quatschen." Ohne eine Antwort abzuwarten, ging sie zum Herd und schaute durch die Ofenscheibe. „Mhmm, die Ente sieht ja schon toll aus. Was hast du noch gezaubert? Darf ich mal gucken?"

Simone stand jetzt mit dem Rücken zu ihr. Imke hielt die Luft an und versuchte, lautlos ihr Glas hinter die Espressomaschine zu schieben. Anschließend holte sie rasch ein neues. Erneut öffnete sie die Kühlschranktür und schenkte sich dieses Mal aus der Sprudelflasche ein.

Simone hob einen Topfdeckel hoch. „Klasse, Rosenkohl. Ist der aus eurem Garten?"

Erleichtert atmete Imke aus. Glück gehabt. Simone hatte nichts bemerkt. „Ja, ja. Ich glaube, du kannst schon mal die anderen zusammentrommeln. Wir essen jetzt."

„Ich helfe dir beim Anrichten, ja?"

„Nein, nein. Geh ruhig wieder rein. Ich komme in einer Minute nach!"

Aber Simone schüttelte bestimmt den Kopf. „Natürlich helfe ich dir."

Unwillig sah Imke zu, wie ihre Freundin eine Schranktür öffnete und die große Servierplatte herausholte. „Wie sieht's denn bei dir so aus? Klappt's mit der Wochenendehe?"

Imke schlug die Augen nieder. „Prima, alles bestens, aber du brauchst wirklich nicht ..."

„Tatsächlich? Also ich glaube, ich würde verrückt werden, wenn ich mit den Kindern ganz allein wäre. Hendrik nimmt mir doch so einiges ab."

„Na ja, manchmal ist es schon ein bisschen viel", gab Imke zögerlich zu. „Aber das ist die Chance für Jonas. Und schließlich ist er ja nach einem Jahr wieder in seiner alten Firma. Die paar Monate halte ich schon durch."

Simone hob geschickt den Braten an. „Trotzdem ist es für dich sicherlich nicht immer leicht. Also, wenn du mal ein Problem hast ..."

„Überhaupt nicht. Gar nicht. Bei mir ist alles klar."

„... oder einfach nur jemanden zum Reden brauchst, ruf einfach an und ich flitze zu dir rüber." Geschickt platzierte Simone die Ente auf die Anrichteplatte. „So, fertig." Sie drehte sich um und sah ihre Freundin direkt an. „Wir haben schon ewig nichts mehr gemeinsam unternommen. Wir zwei könnten uns doch mal abends treffen."

„Das wäre natürlich schön", meinte Imke hastig. „Aber ich kann ja wegen der Kinder nicht weg."

„Glück gehabt!", erwiderte Simone lachend. „Deine beste Freundin hat alles perfekt arrangiert. Ich habe schon mit Hendrik gesprochen. Du bringst beide Kinder zu uns und er passt auf unseren hoffnungsvollen Nachwuchs auf. Und wir zwei, nur du und ich, machen uns einen tollen Abend! Du gehst doch so gern zu Angelo in die Pizzeria."

„Aber …"

Energisch schüttelte Simone den Kopf. „Ein Nein lasse ich nicht gelten. So, und nun bring du die Ente raus. Das muss die Köchin selbst tun. Ich nehme schon mal dein Wasserglas." Zielstrebig griff Simone nach beiden Gläsern.

„Sag mal, hier sind ja zwei. Bei dem einen sieht das Wasser schon ganz schal aus."

Imke biss sich auf die Lippen. „Äh … ja richtig. Ich wollte es gerade wegschütten."

„Recht hast du!" Simone sah ihr wieder in die Augen. „Das brauchst du doch gar nicht, oder?", fügte sie leise hinzu.

Einen Augenblick schwieg Imke. „Natürlich nicht", meinte sie langsam. „Lass es einfach da stehen. Ich muss gleich sowieso noch mal in die Küche. Dann kümmere ich mich darum."

„Ach was!" Und ehe sie es verhindern konnte, kippte Simone mit Schwung das Glas aus und verstaute es im Geschirrspüler. Fassungslos sah Imke zu, wie die kostbare Flüssigkeit im Ausguss verschwand.

„Schon erledigt! Und jetzt wird gegessen!" Simone hielt die Tür auf und wartete. „Kommst du?"

Immer noch zögerte Imke. Schließlich seufzte sie und nahm die Platte mit der Ente. „Ich wusste gar nicht, dass du so …" Sie suchte nach Worten. „… so dickköpfig sein kannst."

„Eigentlich bin ich auch gar nicht so. Aber ab und zu müssen beste Freundinnen sagen, wo's langgeht. Meinst du nicht auch?"

Imke blieb ihr eine Antwort schuldig und ging an ihr vorbei.

„Kommt ihr?", rief sie draußen in die Runde. „Ich bin jetzt so weit!"

Ulrike Wessel-Fuchs wurde 1959 geboren. Nach dem Besuch der Volksschule wechselte sie auf das Gymnasium, bestand 1978 das Abitur und erlernte den Beruf der Grundschullehrerin. Sie liest gern und schreibt Geschichten, die auch in verschiedenen Anthologien und im Kölner Stadtanzeiger veröffentlicht wurden. Ihr erstes Kinderbuch heißt „Schaffst du es, Amelie?" und erschien 2020 unter dem Pseudonym Jenny Zeuner. Ab und zu arbeitet sie als Komparsin und Kleindarstellerin. Sie lebt mit ihrem Mann, einem Hund und zwei Katzen im Rhein-Sieg-Kreis.

Die karierte Maus

Die karierte Maus war traurig. Sie lebte zwar in Schottland, wo viele Männer karierte Röcke tragen, aber karierte Mäuse, die gab es nirgendwo.

Dabei war es eigentlich gar nicht schlimm, kariert zu sein. Doch die grauen Mäuse ärgerten sie, weil sie kariert war. Die braunen Mäuse ärgerten sie, weil sie schwarz-weiß war. Die weißen Mäuse ärgerten sie, weil sie schwarze Karos hatte. Die schwarzen Mäuse ärgerten sie, weil sie weiße Karos hatte, sogar die gefleckten Mäuse ärgerten sie, obwohl sie doch selbst fast ein bisschen mehr oder weniger wie kariert aussahen. Deshalb war die karierte Maus allein und traurig und sie weinte.

Da kam ein weiser Uhu geflogen und setzte sich neben die karierte Maus. „Warum weinst du?", fragte er.

„Weil ich kariert bin", antwortete die Maus schluchzend.

„Wenn's weiter nichts ist", sagte der Uhu und schüttelte den Kopf, „dagegen kannst du doch leicht etwas tun."

„Was denn?", fragte die Maus erstaunt.

„Siehst du die offenen Farbtöpfe, die da hinten stehen?", erwiderte der Uhu. „Nimm in einem ein Bad und du bist nicht mehr kariert."

Die Maus rieb sich die Tränen aus den Augen. „Du bist ja auch kariert!", rief sie erstaunt aus.

Der Uhu nickte bedächtig. „Ja, das bin ich."

Die Maus war verwirrt. Sie sah sich um und entdeckte die Farbtöpfe. Sie lief zu ihnen und kletterte auf einen, in dem blaue Farbe war.

„Das ist eine schöne Farbe", sagte der Uhu, „aber meinst du, dass du so dein Problem löst? Schließlich gibt es auch keine blauen Mäuse ... wie wäre es mit Rosa?"

Während die Maus auf dem Rand des Farbtopfs balancierte, dachte sie angestrengt nach, so angestrengt, dass sie vergaß, dem Uhu zu sagen, dass es auch keine rosa Mäuse gab.

„Machen sich die anderen Eulen nicht über dich lustig, weil du kariert bist?", fragte sie schließlich.

„Doch, schon", nickte der Uhu.

„Warum nimmst du dann kein Bad in einem der Farbtöpfe? Dem grünen vielleicht?"

„Ich bin, wie ich bin", sagte der Uhu. „Sollen sie doch reden. Mir gefällt es, kariert zu sein."

Vorsichtig kletterte die Maus wieder vom Topf herunter. „Mir eigentlich auch", sagte sie. „Aber ich hätte so gern einen Freund."

„Nun", sagte der Uhu, „vielleicht können wir ja Freunde sein. Wenn es dich nicht stört, dass ich kariert bin."

Achim Stößer *wurde 1963 geboren. Er studierte Informatik an der Universität Karlsruhe, wo er anschließend einige Jahre als wissenschaftlicher Mitarbeiter tätig war, beschäftigte sich dabei mit Computerkunst und -animation und hatte einen Lehrauftrag an der Hochschule für Gestaltung Karlsruhe. Seit 1988 veröffentlicht er Kurzgeschichten überwiegend aus dem Genre Science-Fiction in Anthologien und Magazinen, darunter in einigen Bänden der Reihe „Internationale Science Fiction Stories" Wolfgang Jeschkes (1993–1999). Ein Erzählband „Virulente Wirklichkeiten" erschien 1997. Als Angehöriger einer ethischen Minderheit gründete er 1998 die Tierrechtsinitiative Maqi. Entsprechend sind Antispeziesismus (und damit Veganismus), Antirassismus, Antifaschismus, Antitheismus, Antisexismus, Antimilitarismus usw. Hauptthemen seiner Erzählungen und auch seiner Cartoons. Internet: https://achim-stoesser.de*

Retter meiner ersten Sprache

Meine erste Sprache ist Niederdeutsch. Wir im Norden sagen Plattdeutsch oder Platt dazu. Diese Sprache wird in unterschiedlichen Varianten von Niedersachsen über Bremen, Hamburg und Schleswig-Holstein bis Mecklenburg-Vorpommern gesprochen. Sie ist sowohl meine Muttersprache, weil meine Mutter Platt mit mir spricht, als auch die Sprache meiner ersten Wahrnehmungen. Ich bin in diese Sprache hineingeboren worden, dadurch wurde der mir bevorstehende Prozess des Spracherwerbs vorbestimmt. Mit ihr verbinde ich meine Herkunft und Heimat, mit ihr verknüpfe ich meine Identität. Bis zum Schulanfang sprach ich fast ausschließlich Plattdeutsch, erst in der Dorfschule lernte ich unsere Standardsprache Hochdeutsch kennen und wusste irgendwann die Regeln der Orthografie und der Grammatik anzuwenden. Dabei hielt sich meine Sprachbegabung in Grenzen – Hochdeutsch erlernte ich recht schnell, für Englisch und Französisch konnte ich mich später kaum noch begeistern.

Meinen Eltern wurde zwischenzeitlich nahegelegt, mit meinen jüngeren Geschwistern nur hochdeutsch zu reden, damit sich deren Entwicklungschancen verbesserten. Das waren hohe Erwartungen an junge Eltern, die mit den Leuten im Dorf hauptsächlich Platt sprachen, weil alle Bewohner miteinander in dieser Sprache kommunizierten und ein hochdeutsches Wort nur an den Pastor, den Arzt und die Lehrer der Kinder gerichtet wurde.

Und so lernten wir Kinder mit dem ersten Schultag, gedanklich zwischen diese beiden Sprachen hin und her zu pendeln. Trotz oder vielleicht sogar wegen dieser Bedingungen entwickelte ich mich prächtig, schaffte später in der nahe gelegenen Kleinstadt sogar das Abitur, zwar nicht herausragend, aber doch zufriedenstellend – die Fremdsprachen sowie Physik und Chemie durfte ich ja leider nicht abwählen.

Zum Studium zog ich nach Hamburg – wegen seines Hafens seit ewigen Zeiten auch *Tor zur Welt* genannt – was sich sprachlich bemerkbar macht, denn hier werden über 300 Sprachen gesprochen. Laut einer Studie soll Hamburg die sprachtoleranteste Stadt im bundesweiten Vergleich sein. Zweidrittel der Bewohner stört es nicht, wenn neben ihnen eine andere Sprache gesprochen wird. Doch wo ist in dieser norddeutschen Großstadt die Sprache der Hanse, das Mittelniederdeutsche, das Plattdeutsch geblieben? Etwa vom 12. bis zum Anfang des 16. Jahrhunderts diente sie im Nord- und Ostseeraum als überregionales Verständigungsmittel – mündlich wie schriftlich – und war noch bis Mitte des letzten Jahrhunderts sowohl bei Hafenarbeitern als auch bei Kaufleuten in aller Munde.

Als ich in den 80er-Jahren hierherkam, musste man, um dieser Sprache zu lauschen, bestimmte Orte aufsuchen, wie zum Beispiel das *Ohnsorg-Theater*. Im Alltag hörte man kaum mehr als „Moin" oder „Tschüss". Und so entfernte auch ich mich über die Jahre immer mehr von meiner ersten Sprache. In meinem städtischen Umfeld gab es kaum Menschen, mit denen ich mich darin hätte verständigen können. Oder wir gaben uns nicht zu erkennen. Platt holte ich nur aus dem Rucksack, wenn ich Eltern, Geschwister, Verwandte und Bekannte auf dem Land besuchte, wenn ich alte Freundschaften pflegte.

Ich studierte unter anderem Germanistik und bekam irgendwann die Zusage für eine Stelle als Berufsschullehrerin, war also Akademikerin und gab beruflich wie privat meiner Zweitsprache den Vorrang. Meine erste Sprache schlummerte zumeist unbeachteten in einer dunklen Ecke vor sich hin. Bis ich eines Tages von einem plattdeutschen Schreibwettbewerb erfuhr. Diese Ausschreibung triggerte etwas in mir, ließ mich nicht eher los, bis meine erste plattdeutsche Geschichte fertig war. Dabei wurde mir deutlich, dass meine Plattkenntnisse sich zeitlebens auf das Sprechen beschränkt hatten. Die Schreibweise war mir fremd, daher fühlte ich mich mit dem Text unsicher, reichte ihn dennoch ein und erhielt kurz darauf zu meiner großen Überraschung die Zusage, dass mein Text in der angekündigten Anthologie veröffentlicht werden würde. Aus den circa 1400 Einsendungen hatte man dafür 25 Texte ausgewählt. So geschah es und ich war überglücklich.

Monate später wurde ich durch einen Anruf noch mehr überrascht. Der Anrufer hatte meinen Text gelesen und war davon so angetan, dass er mich fragen wollte, ob ich Lust hätte, ehrenamtlich in der Redaktion des *Quickborn – Zeitschrift für plattdeutsche Sprache und Literatur* tätig zu werden. Und ob ich Lust hatte! Aber konnte ich diese Aufgabe neben meinem Beruf leisten? Das musste ich in Ruhe überlegen.

Doch schon die erste Redaktionssitzung überzeugte mich. Dort offenbarte sich mir ein solch interessantes Feld – das wollte ich unbedingt beackern. Der *Quickborn*, benannt nach dem Gedichtband des niederdeutschen Lyrikers und Schriftstellers Klaus Groth (1819 – 1899), befindet sich mittlerweile im 114. Jahrgang. Das Wort bedeutet so viel wie *schnell sprudelnde Quelle*. Die Herausforderung, Literatur, Rezensionen, Informationen und so weiter sprudeln zu lassen, wollte ich gern annehmen. Und so habe ich nach und nach gelernt, wie man plattdeutsch schreibt und wie man eine Zeitschrift gestaltet. Habe plattdeutsche Bücher und Veranstaltungen kennengelernt. Kenne inzwischen viele *Plattsnackers* – egal, ob sie Platt als erste, zweite oder dritte Sprache sprechen. Spreche wieder regelmäßig Platt, denke fast täglich in meiner ersten Sprache. Das Plattdeutsche ist also aus der dunklen Ecke hervorgekrochen und hat sich wunderbar entfaltet.

Mein *Entdecker* Bolko B., geboren in Tansania auf einer Missionsstation, schreibt seit langer Zeit für den *Quickborn*, hat zudem plattdeutsche Bücher geschrieben und herausgebracht und Märchen ins Platt übersetzt. Er erhielt mehrere plattdeutsche Literaturpreise und ist aus der plattdeutschen Szene nicht wegzudenken. Bei unserem ersten Telefongespräch wusste ich dies alles noch nicht. Er ermutigte mich insbesondere durch seine leichte Art, wie er mit Platt umging und umgeht, diesen Weg einzuschlagen. Man kann wohl sagen, er missionierte mich ohne viel Gedöns. Durch ihn habe ich meine Haltung zu meiner ersten Sprache komplett überdacht und umgekrempelt. Platt bereitet mir heute viel Freude, gibt mir Kraft. Dank Bolko B. bin ich heute eine Frau, die selbstbewusst Platt spricht und schreibt. Ich beteilige mich aktiv an plattdeutschen Lesungen, Tagungen, Autor*Innentreffen, Büchermessen und versuche, dazu beizutragen, dass die Europäische Charta der Regional- und Minderheitensprachen umgesetzt wird. Selbstverständlich habe ich im Herbst letzten Jahres der Gründung des niederdeutsch-friesischen PEN-Zentrums beigewohnt.

Dieser Text ist zwar in Hochdeutsch verfasst, damit mich alle verstehen, doch ein paar Sätze zum Kennenlernen möchte ich hier präsentieren:

Leve Lüüd,
wenn ji en Spraak snackt,
de nich uns Standardspraak is,

denn schaamt jo nich, duukt jo nich weg,
sünnern snackt vull Stolt disse Spraak.
Un wokeen nich verstahn warrt,
kann jümmer noch in't Hoochdüütsche wesseln.

Liebe Leute,
wenn ihr eine Sprache sprecht,
die nicht unsere Standardsprache ist,
dann schämt euch nicht, duckt euch nicht weg,
sondern sprecht voller Stolz diese Sprache.
Und wer nicht verstanden wird,
kann immer noch ins Hochdeutsche wechseln.

All dies hätte ich mir beim Fortgang aus meinem Dorf nicht vorstellen können. Zum Glück ist Bolko B. später in mein Leben getreten und hat meine plattdeutsche *Entwicklung* ins Rollen gebracht. Dafür hat er einen besonderen Platz in meinem Herzen und Leben. Er ist ein ganz besonderer Freund. Er ist der Retter meiner ersten Sprache!

Sonja Dohrmann, *1961 geboren, wuchs unweit des niedersächsischen Teufelsmoores auf. Später zog es sie nach Hamburg, wo sie unter anderem Germanistik studierte und später als Berufsschullehrerin arbeitete. 2015 entdeckte sie das literarische Schreiben für sich, seitdem wurden schon einige ihrer Texte in Zeitschriften und Anthologien veröffentlicht. 2019 erhielt sie den Gerd-Lüpke-Preis (1. Platz), 2020 den Nordhessischen Literaturpreis „Holzhäuser Heckethaler" (1. Platz), 2023 den Klaus-Groth-Preis (2. Platz) sowie beim Landschreiber-Wettbewerb in der Sparte Mundart auch den 2. Platz. Sie ist seit 2017 ehrenamtlich in der Redaktion des „Quickborn – Zeitschrift für plattdeutsche Sprache und Literatur" tätig. Mit ihrem Mann lebt sie im Süden der Hansestadt Hamburg.*

Das Band der Freundschaft

Einen echten Freund zu haben,
ist für jeden unschätzbar viel wert.
Er ist eine der allerbesten Gaben,
die uns das Leben gern beschert.

Wahre Freunde sind nicht nur da,
wenn es gut um einen ist bestellt'.
Sie kommen uns besonders nah,
wenn schwierig wird unsere Welt.

Freunde hören dem Gegenüber zu,
äußern bereitwillig offen ihre Sicht,
lassen uns aber auch unsere Ruh',
bis es sich leichter darüber spricht.

Ein Freund versucht auszuhalten,
wenn jemand schwer zu tragen hat,
die Situation erträglich zu gestalten,
bis er wieder Grund zur Freude hat.

Der Freund liest in seinem Gesicht,
ob er zur Hoffnung jetzt Mut braucht.
Er möchte gerne werden zum Licht.
Das Leben hat auch ihn geschlaucht.

Durfte man erfahren in seinem Leid,
dass man zum Freund konnte gehen,
der dem Anliegen widmete seine Zeit,
erwächst aus Mitgefühl – Verstehen.

Sieglinde Seiler *wurde 1950 in Wolframs-Eschenbach geboren. Sie ist Dipl. Verwaltungswirt (FH) und lebt mit ihrem Ehemann in Crailsheim. Seit ihrer Jugend schreibt sie Gedichte. Später kamen Aphorismen, Märchen und Prosatexte hinzu. Ferner fotografiert sie gerne. Bislang hat sie bereits über 200 Gedichte im Internet und diversen Anthologien veröffentlicht.*

Der Duft der Freundschaft

Es heißt, dass es die Begegnungen mit Menschen sind, die das Leben lebenswert machen. Dem stimme ich gerne zu! Wenngleich ich eher negativ über Helma dachte, als ich sie zum ersten Mal sah. Ich war damals einundvierzig, alleinerziehend und wohnte mit meiner fünfzehnjährigen Tochter in einem Mehrfamilienhaus in Bremen. Dass eine ältere Dame in die Wohnung unter uns eingezogen war, wusste ich, doch erst zwei Wochen später liefen wir uns über den Weg. Ich schätzte Helma auf Mitte Siebzig. Sie war klein, ihr weißes Haar trug sie am Hinterkopf zu einem strengen Dutt gesteckt. Meinem Empfinden nach schaute sie ziemlich biestig und verkniffen aus, weshalb ich meine Tochter bat, ihre Musik zukünftig auf Zimmerlautstärke zu reduzieren. Ich war mir sicher, dass uns unsere neue Nachbarin ansonsten sofort die Polizei auf den Hals hetzen würde.

Doch ich irrte mich!

In den darauffolgenden vier Jahren erwies sich Helma als eine ausgesprochen freundliche Nachbarin, die stets grüßte, oftmals einen lustigen Spruch zum Besten gab und sich niemals über irgendetwas beschwerte. Tatsächlich freute ich mich sogar, wenn ich ihr im Treppenhaus begegnete! Bei einer dieser Begegnungen erzählte ich ihr, dass ich zum zweiten Mal geheiratet hatte und der Umzug zu meinem Mann ins hundert Kilometer entfernte Quakenbrück bevorstand. Da sie von dieser niedersächsischen Kleinstadt noch nie gehört hatte, versprach ich, ihr nach meinem Umzug eine Ansichtskarte zu schicken. Ich hielt mein Wort und hinterließ auf der Karte meine Telefonnummer.

Kurz darauf rief Helma an, bedankte sich und bat mich, sie zu besuchen, sobald ich mal wieder in Bremen sei. Dass dies der Beginn einer unvergesslichen Freundschaft war, ahnte ich damals nicht.

Nur zu gerne denke ich zurück an meinen ersten Besuch bei ihr. Der Kaffeetisch war liebevoll gedeckt mit frischen Tulpen, bunten Servietten und einer brennenden Kerze. Überall im Wohnzimmer standen Familienfotos und kleine Engel aus Holz und feinem Porzellan. Dass

Helma Engel liebte, war nicht zu übersehen. Fest glaubte sie daran, dass ein Schutzengel über sie wachte. Der Nachmittag verging viel zu schnell, was wahrscheinlich daran lag, dass man sich mit ihr so wunderbar zwanglos unterhalten konnte. Dazu kam ihr trockener Humor, der mir besonders gefiel!

Es folgten noch viele gemeinsame Nachmittage. Immer wenn ich meine Familie in Bremen besuchte, führte mich mein Weg auch zu Helma. Wir begannen, einander zu schreiben und einmal pro Woche zu telefonieren. Als sie mir mit den Worten: „Freundinnen siezen sich nicht", das Du anbot, wurde mir bewusst, dass eine ganz besondere Beziehung zwischen uns entstanden war. Der Altersunterschied von fünfunddreißig Jahren spielte für uns keine Rolle – für manch anderen umso mehr! Von vielen wurde unsere Freundschaft belächelt und ironisch kommentiert. Manchmal machte es mich traurig, doch dann tröstete ich mich mit dem, was Helma einmal gesagt hatte: „Freundschaft ist wie eine Blume, die nach Glück duftet." Sie erzählte, sie hätte den Spruch irgendwo gelesen und dabei sofort an uns beide gedacht. Sagte das nicht alles? War es wirklich wichtig, was andere über uns dachten? Ich denke nicht!

Die ersten Jahre in Quakenbrück waren für mich extrem schwer. Ich litt unter entsetzlichem Heimweh. Als waschechtes Großstadtkind erdrückte mich das Leben in der beschaulichen, ruhigen Kleinstadt. Ich fühlte mich einsam. Hinzu kam die Sehnsucht nach meiner Tochter, die sich entschieden hatte, in Bremen zu bleiben. Im Familien- und Freundeskreis sprach ich offen über meine Gefühle. Tatsächlich war Helma die Einzige, die aufhorchte und die Tragweite erkannte, die in meinen Worten lag. Sie hörte, was ich sagte, doch auch, was ich nicht sagte. Wenn ich in meinen Briefen über meinen Kummer schrieb, sah sie auch das, was ungeschrieben zwischen den Zeilen stand. Vielleicht wäre ich heute nicht mehr da, hätte es damals Helma nicht gegeben. Sie war weit mehr als meine Freundin – still und leise war sie auch zu meinem Schutzengel geworden.

Doch auch Helma tat es gut, mit mir über die dunkelsten Zeiten ihres Lebens sprechen zu können. Wenn die Dämonen der Vergangenheit sie heimsuchten, war ich für sie da. Zwölf Jahre waren wir befreundet! Zwölf Jahre, die mir zeigten, dass weder Alter noch Entfernung einer echten Freundschaft etwas anhaben können und die mich lehrten, dass der erste Eindruck eine zweite Chance verdient.

Helma starb im Dezember 2022. Mir fehlen die Worte, um zu beschreiben, wie sehr sie mir fehlt. Damals hatte ich bereits ein Weihnachtsgeschenk für sie gekauft – eine Schneekugel mit einem Schutzengel. Er steht nun auf meinem Schreibtisch. Wenn ich ihn anschaue, denke ich an Helma. Genauso wie in den Momenten, wenn ich meinen Kaffee aus dem Becher trinke, den sie mir schenkte und auf dem geschrieben steht: *Freundschaft ist wie eine Blume, die nach Glück duftet.*

Wie recht sie doch hatte, meine Helma …

Petra Kesse, *1965 in Bremen geboren, nimmt seit ihrem Belletristik-Fernstudium erfolgreich an Literaturwettbewerben teil. Mit „Das Leben liebt es kurvenreich" veröffentlichte sie 2019 ihr erstes Buch mit Kurzgeschichten, das 2022 auch als Hörbuch erschienen ist. In zwei weiteren Büchern erzählt die Autorin Kurzgeschichten über die verborgene Magie des Winters und die Kraft der Freundschaft. Petra Kesse hat eine erwachsene Tochter und lebt mit ihrem Mann in Quakenbrück, einer idyllischen Kleinstadt im Landkreis Osnabrück.*

Himmelsfahrer-Freundschaft

Für Lennox (2012–2024) und Lutz (1999–2010)

Am Wasserfall
Dahinter gar
Da fanden sich die Tiere all
In mannigfacher Freudenschar

Vergessen unterm Morgenrot
Der Himmelsfahrer Zufluchtsstatt
Dort tummelt's sich am Blumenblatt
Wie's schweigend still ihr Herr gebot
Der keinem seiner Tiere droht
In ihnen vielmehr Freunde hat

Da zeiget sich im Spiegellicht
Am trümmeralten Baumgesicht
Der Dankbarkeit und Inbrunst schon
Verstoßener
Verstorbener Gefährten Lohn

Sie alle nahm er achtsam auf
Er schützte sie, den Leib wohlauf
Vor Schicksals schwerem Klingenlauf

Betagte, wüste Nilespferde
Geschunden mürbe Taugiraffen
Aus ihrem Leid nun Leben werde
Tiefe Bundesbande schaffen

Koala-Hummeln, hold im Kreise
Da fügte sich das Los ihm leise
Er wägte kühn und Stund für Stund
Er sann, er dachte auf den Grund
Und fand erfüllt des Wartens satt
Den Hund als Herrn an seiner Statt

Du sollst es sein, mich stets begleiten
Und ohne mich die Herde leiten
Um ihr erquicktes Leben streiten
Sie führen an den Brandungswall
Verborgen halten überall

Verstrichen auch die Jahre lang
Der Augenblicke Abgesang
Am Wasserfall und Honighang
Um eines nur ward allen bang

Es schütterte zum Abendschmaus
Und alle Wasser blieben aus
Da war's gescheh'n, das Land entdeckt
Die Himmelsfahrer aufgeschreckt

Den hohen Herrn verließ schon bald
Die Geisteskraft am Auenwald
Es blieb dereinst im Tautropfland
Den Tieren nur ihr Freundschaftsband

Frei geführt vom edlen Hunde
Meistern sie die Wogenschlunde
Sie kehren alsbald nicht allein
Ins Reich der Funkeltaucher ein

Dort trafen sie auf Hut und Rast
Nach allzu kalter Flucht und Hast
An einem Baum, dem Beben fern
Gewahrten sie den Treuestern
Und unter ihm so schlaf auch du
Tat der Herr samt Kamerad
Ein müdes Freundschaftsauge zu

Paul Busch, *geboren 2002 in Heidelberg, studiert und arbeitet ebendort. Überdies verfasst er hin und wieder literarische Texte und trägt zu Anthologien bei.*

Mini und Maxi

Mini. So heißt der Dackel von Frau Susi. Genau gesagt ist Mini kein Dackel, sondern ein Zwergdackel. Und auch für einen Zwergdackel ist Mini sehr klein geraten. Er trägt seinen Namen also völlig zurecht. Mini ist tatsächlich ein mini-mini-mini-kleiner Hund. Frau Susi liebt ihren Mini. Und Mini liebt seine Frau Susi. Ohne Frau Susi wäre Mini der einsamste Hund, den man sich nur vorstellen kann, denn Mini hat keinen einzigen tierischen Freund. Mini hätte liebend gerne Hunde-Freunde, doch das will und will einfach nicht klappen. Und das, obwohl es sogar einen anderen Dackel in der Nachbarschaft gibt: Rauhaardackel Oswald. Oswald aber weicht Mini jedes Mal aus, wenn er ihm beim Gassigehen begegnet. Mini hat nämlich so große Sehnsucht nach Kontakt zu seinen Artgenossen, dass er sich Oswald gegenüber sehr aufdringlich benimmt. Das mag Oswald nicht. Und darum versteckt er sich immer hinter den Beinen seines Menschen, dem Herrn Rudi, sobald er Mini mit Frau Susi sieht.

Und mit den anderen Hunden in Minis Umgebung, tja, mit denen ist es ebenfalls ein Dilemma. Denn leider darf Mini schon lange nicht mehr zu ihnen auf die Hundewiese. Es passierte letzten Winter. Wie immer war Mini der kleinste aller Hunde dort und wie immer konnte er kaum mithalten mit seinen kurzen Beinchen bei deren wilden Spielen. Deshalb wurde Mini sogar von ein paar Hunden gemobbt. Und plötzlich sprang einer dieser Hunde, ein riesiger Labrador, direkt auf Minis zarten Rücken. Mini winselte vor Schmerzen, er musste vom Tierarzt behandelt werden. Seitdem meidet Frau Susi die Hundewiese, sondern macht wunderschöne, aber eben sehr einsame Spaziergänge mit ihm.

Doch dann, an einem ganz gewöhnlichen Montag, ändert sich schlagartig alles in Minis eintönigem Leben. Es ist gegen Mittag. Mini döst gerade in seinem Hundekörbchen, als Frau Susi vom Einkaufen nach Hause kommt. „Mini", ruft sie aufgeregt, „komm schnell und schau, was ich hier habe!!"

Mini springt aus seinem Körbchen und läuft neugierig zu ihr. Frau Susi hält ein winziges, schwarzes Fellbündel in ihren Armen. Es ist ein Kätzchen. „Stell dir vor, Mini, ich habe es bei den Müllcontainern gefunden. Jemand muss es ausgesetzt haben, das arme Tierchen." Sie setzt das Kätzchen vorsichtig zu Mini auf den Teppich. Sofort fängt es jämmerlich zu maunzen an.

„Ach, Kleines, du bist bestimmt furchtbar hungrig. Ich schaue schnell mal in der Küche, was ich für dich finde", sagt Frau Susi zum Kätzchen. Und zu Mini sagt sie: „Kümmere dich bitte um das Katzenkind, Mini. Sei lieb zu ihm." Dann geht sie rasch in die Küche.

Das Kätzchen miaut nochmals kläglich und tapst unbeholfen zu Mini. Es ist tatsächlich das erste Tier, das etwas kleiner als Mini ist. Schon aus diesem Grund ist es ihm auf Anhieb sympathisch. Er beschnuppert das Kätzchen. Und das Kätzchen schmiegt sich Schutz suchend an ihn. Da ist klar, dass sie Freunde werden würden.

Frau Susi bringt eine Schüssel mit verquirltem Ei aus der Küche. Das Kätzchen schleckt es sofort gierig auf. Danach putzt es sich ausgiebig. Dann rollt es sich zusammen und schläft sofort mitten auf dem Teppich ein.

„Ich werde jetzt alles besorgen, was das Kätzchen braucht: Katzenkorb, Katzenklo, Kratzbaum, Futter. Ist es dir recht, Mini, wenn ich es inzwischen in dein Körbchen lege? Da schläft es bestimmt besser als hier auf dem Teppich." Und Frau Susi nimmt behutsam das winzige Fellknäuel in ihre Hände und legt es in Minis weiches Hundekörbchen. Das Kätzchen öffnet die Augen, sieht Mini an und maunzt auffordernd. „Es möchte, dass du zu ihm kommst, Mini", lacht Frau Susi.

Mini zögert keine Sekunde und legt sich vorsichtig zu dem Kätzchen. Laut schnurrend schmiegt es sich an ihn und schläft wieder ein.

„Ist das schön", sagt Frau Susi gerührt. „Jetzt hast du endlich einen tierischen Freund, Mini. Zwar keinen Hundefreund, aber das scheint dich ja nicht zu stören. Mir ist auch schon ein Name für das Kätzchen eingefallen: Maxi. Mini und Maxi, das passt doch perfekt, finde ich."

Und dieser Tag ist tatsächlich der Beginn einer wunderbaren Freundschaft. Mini und Maxi sind unzertrennlich. Und an ihrer gegenseitigen Zuneigung ändert sich auch nichts, als Maxi wächst und wächst und sich zu einer stattlichen Maine-Coon-Katze entwickelt. Und obwohl Maxi ein Jahr später dreimal so groß wie Mini ist, für Mini ist und bleibt Maxi seine kleine Freundin.

Ihre Freundschaft wirkt sich auch positiv auf Minis Hundebegegnungen draußen aus. Durch die tiefe Verbundenheit mit Maxi ist nämlich Minis Sehnsucht nach Kontakt zu anderen Hunden nicht mehr so immens groß. Deshalb verhält er sich bei Begegnungen mit seinen Artgenossen nun anders als früher. Das fällt auch Rauhaardackel Oswald auf. Mini stürmt nun nicht mehr laut bellend auf ihn zu, wenn sie sich sehen, sondern wedelt nur freundlich. Das gefällt Oswald. Und darum versteckt er sich nicht mehr hinter Herrn Rudis Beinen.

Eines Tages beschnüffeln sich Mini und Oswald ausgiebig und ganz in Ruhe. Das Eis zwischen ihnen ist gebrochen. Ab da treffen sich Frau Susi und Herr Rudi regelmäßig und gehen gemeinsam mit Mini und Oswald spazieren. Und wenn gerade keine allzu großen Hunde anwesend sind, darf sich Mini auch wieder öfters auf der Hundewiese austoben.

Mini ist überglücklich, lebt er doch nun dank seiner geliebten Katzenfreundin Maxi ein erfülltes Hundeleben.

Claudia Dvoracek-Iby, *1968 in Eisenstadt geboren, lebt in Wien. Schreibt Geschichten, Gedichte und Märchen für kleine und große Menschen, zeichnet und collagiert auch manchmal. Seit 2012 zahlreiche Veröffentlichungen in Literaturzeitschriften und Anthologien. Preisträgerin einiger Literaturwettbewerbe.*

Heimweh
nach der verlorenen Seele

Du bist für mich ein echter Freund,
weil ich immer auf dich zähle,
der mit mir lacht und weint und träumt –
in uns wohnt die gleiche Seele.

Welche Hürden wir auch haben,
mit dir bin ich stets munter,
wie ein Haufen schöner Farben
machst du mein Leben bunter.

Wir gehen bedingungslos loyal
zusammen durch Freud und Leid,
den höchsten Berg, das tiefste Tal
bezwingen wir nur zu zweit.

Wo bist du jetzt? Ich brauche dich.
Gar weit kannst du nicht sein!
Wo ich vor Kummer weinerlich,
da lässt du mich allein!

Tristan Berghoff, 24 Jahre, aus Bottrop. Bisherige Veröffentlichungen: „Sehnsucht nach Heute" in der Frankfurter Bibliothek. Hobbys: Fußball, Quizzen und die deutsche Sprache. Lieblingsspruch: „Ein reicher Mann ist oft nur ein armer Mann mit sehr viel Geld." (Aristoteles)

Das Leben, die Freundschaft, du und ich ...

„Was ist Freundschaft?", fragte ich das Leben.
Es schwieg eine Weile, dann umarmte es mich sachte und flüsterte mir leise ins Ohr:

„Freundschaft ist der Mut, jemandem zu vertrauen, den man vielleicht noch gar nicht so gut kennt, und die Bereitschaft, sich besser kennenzulernen.

Freundschaft ist die Wertschätzung deiner Talente, deiner Persönlichkeit und deiner Anwesenheit, manchmal auch ohne, dass du etwas Bestimmtes tust.

Freundschaft ist die übersprudelnde Freude, die verrückte Albernheit, die sich ihren Weg vorsichtig bahnt und die dich an manche Momente schmunzelnd zurückdenken lässt.

Freundschaft ist das zarte Band der Erinnerung, das auch in schweren Zeiten zusammenhält und die Hoffnung auf bessere Zeiten aufrechterhält.

Freundschaft ist der Mut, seine Fehler einzugestehen und anzuerkennen, und die Bereitschaft, geleitet von der Stärke der Erkenntnis, eine neue Richtung einzuschlagen.

Freundschaft ist der Wunsch, sich jemandem anzuvertrauen, einen Teil seines Weges gemeinsam zu gehen, und die Stärke, die Teile des Weges, die man alleine gehen muss, auszuhalten.

Freundschaft ist der tiefe Schmerz der Trennung und die Verzweiflung über das Verlorene, sei es auf Zeit, sei es ein Abschied ohne Ende.

Freundschaft zeigt sich dir durch eine Person, die an dich glaubt und dir mit ihren Worten und ihrem Dasein einen sanften Stupser gibt, an das zu glauben, was du dir wünschst und dir hilft, vielleicht auch einen vorsichtigen Schritt über die Grenze hinauszugehen, die dir im Weg steht.

Gib acht: Freundschaft ist keine Sackgasse. Auch du solltest etwas dazutun, um sie zu erhalten und ihr Raum geben, sich weiterzuentwickeln. Aber warum hast du mir diese Frage gestellt? Geh raus in die Welt und erlebe Freundschaft."

„Und was ist mit dir?"

„Was meinst du?"

„Was ist mit meiner Freundschaft zu dir? Meiner Freundschaft zum Leben?"

Da lächelte mich das Leben sanft an. „Es werden Zeiten kommen, da wirst du mich nicht zu schätzen wissen. Du wirst mich verachten für das, was ich von dir verlange. Ja, ich werde auf eine Art und Weise dein größter Feind und dein stärkster Gegner sein. Ich werde dich herausfordern. Immer wieder aufs Neue wirst du über deine Grenzen gehen müssen, teilweise auch an ihnen scheitern."

Als das Leben sah, wie ich schwer schlucken musste, nahm es mich vorsichtig in den Arm. „Es werden Zeiten kommen, da werde ich das Glück für dich bereithalten und dich mit Freude überschütten. Ich werde dich vorsichtig umarmen, wenn du Trost brauchst, und meine Wärme wird die klirrende Kälte ein wenig erträglicher machen. Ich werde dir eine Stütze und fester Halt sein, sollte das Haus deiner Überzeugung ins Wanken geraten. Ich werde nachsichtig mit dir und mit mir sein, wenn ich dir nichts anderes als Dunkelheit entgegenzubringen vermag, und ich werde mich mit dir freuen, wenn dein Weg dich in die wohltuende Wärme des Lichts führt. Ich werde dir eine starke Hand reichen, wenn du auf vereisten Flächen auszurutschen drohst. Ich werde dir Lebewesen an deine Seite stellen, die dich spüren lassen, dass die Strapazen des Durchhaltens es wert sind, und die versuchen einen Teil des Lichts besonderer Augenblicke für dich einzufangen und zu bewahren. Sei gewiss: Du wirst Halt finden. Es wird weitergehen, auch wenn du noch keinen Weg, keinen Ausweg aus den Wirren des jetzigen Augenblicks erkennen kannst. Du wirst nicht alleine sein. Denn ich werde bei dir sein. Vertrau mir."

Carina Georg ist 18 Jahre alt und kommt aus Essen. In ihrer Freizeit häkelt sie gerne, kuschelt mit ihrer Katze oder schreibt kreative Texte. Letztes Jahr war sie eine von zehn Personen, die bei einem Schreibwettbewerb von Literatur Ruhr zum Thema Mut gewonnen hat. Spannend findet sie vor allem auch Themen im Bereich der Psychologie, Geschichte oder Theologie.

Abtanzball – nicht einfach

Kinder noch vor einem Jahr
bei der Konfirmation, jetzt
übt die Clique, sich zu verkleiden
als Frauen, in der Tanzstunde
den Gang auf hohen Schuhen
schwieriges Schaulaufen
der Freundinnen. Wie wenn sie gerade von den Pfadfindern
kämen, die Jungs aber: auch verkleidet
ohne Mamas strenge Blicke
wären sie gern spielen gegangen
jetzt müssen sie noch einmal
tanzen, an den Tischen treffen sich
befreundete Familien, man kennt sich
von Elternabenden, vom Wochenmarkt
aus dem Stadtteil, einige unbekannte Mamas, Papas
wirken, als wären sie lange nicht
mehr ausgewesen, unsere Tochter hat
einen passenden Tanzpartner,
gelegentlich lächeln sie beide
minimalistisch

Jochen Stüsser-Simpson liest, joggt und schreibt gern, trainierter Großvater, lebt in Hamburg, unterrichtet Philosophie und Deutsch am Christianeum im Hamburger Westen, seit März 22 auch Deutsch als Fremdsprache in einer Ukraine-Klasse. Verschiedene Veröffentlichungen in Papierfresserchens MTM-Verlag, als Einzelveröffentlichung: „Schauderwelsch. Spannende Texte zum Schmunzeln, Fürchten, Trösten, Lieben, Lachen …"

An deiner Seite

Ich spürte, wie das Leben aus meinem Körper wich, als ich eine Stimme hörte. „Was ist dir denn zugestoßen?"
Meine Lider flatterten.
Eine Frau kniete sich vor mich auf das Pflaster. Ich hörte ihren Herzschlag, als sie sich über mich beugte und damit begann, sanft meinen Körper abzutasten. Die ganze Zeit sprach sie beruhigend auf mich ein. „Ich heiße Lexi, also eigentlich Alexandra Wald, aber alle nennen mich nur Lexi. Du musst keine Angst haben, ich tue dir nichts Böses." Sie begann mich am Kopf zu kraulen.
Ich bedauerte, dass ich mich nicht bewegen oder zumindest schnurren konnte, als ich registrierte, dass sie aufstand.
Einen Augenblick später war sie wieder da und hob mich hoch. „Ich helfe oft in einem Tierheim aus, ganz hier in der Nähe, meine kleine schwarz-weiße Fellnase. Heute ist der Arzt da. Wenn wir uns beeilen, treffen wir ihn noch an", hörte ich sie sagen, als sie mich auf eine weiche Decke legte. Erneut hob sie mich hoch und legte mich in ihr Auto.
Ich dämmerte meinem Schicksal entgegen, als der Wagen unvermittelt anhielt.
„Es tut mir wirklich leid, Lexi", hörte ich einen Mann wenige Minuten später sagen. „Eine Narkose würde der Kater nicht überstehen. Es grenzt an ein Wunder, dass er noch lebt. Leider können wir sein Zuhause nicht ermitteln. Er ist zwar kastriert, aber nicht gechippt. Er leidet. Ich werde ihn erlösen müssen."
Lexi streichelte mich sanft am Kopf und meine Lebensgeister bäumten sich rebellisch auf. Ich nahm einen tiefen Atemzug und versuchte mich zu bewegen.
„Doc, schau mal!"
Einen Moment später spürte ich einen Einstich und dann Wärme. Die Kälte wich langsam aus meinem Fell.
Ich erwachte und als ich es schaffte, meine Lider zu heben, sah ich ein rotes Licht über mir und Lexi neben mir in einem Stuhl sitzend.

Ihr Kopf war auf ihre Brust gesunken, sie schlief. Ich drehte mich auf die andere Seite und gab mich der Müdigkeit hin.

„Wenigstens kannst du in Würde sterben", weckte mich ihre leise Stimme, als ich bemerkte, dass das Leben zaghaft in meinen Körper zurückkehrte.

Einige Wochen später, Lexi hatte mich mit zu sich nach Hause genommen, war ich der alte Streuner bis auf ... Ich konnte mir nicht mehr vorstellen, mich allein auf der Straße behaupten zu müssen. Aber als Hauskater in Lexis Wohnung in der dritten Etage eines Mehrfamilienhauses wollte ich auch nicht enden.

Meine Seelenverwandte war Mitarbeiterin in einem Hospiz und ich musste allein zurückbleiben. Wenn sie heimkehrte, erzählte sie mir von ihren Gästen. Die Geschichten spielten zwischen Leben und Tod. Lexi schwankte zwischen Lachen und Weinen.

Eines Tages erzählte sie mir von einem alten Mann. Er war sehr glücklich darüber gewesen, dass er einige Stunden mit seinen zwei Enkelkindern im Garten hatte spielen können.

„Da wäre so viel Platz für dich!", sagte sie plötzlich und versank dann ins Grübeln. Später versprach sie mir, mit ihrer Chefin über ihre Idee zu sprechen, mir im Garten den Freigang zu ermöglichen.

Am nächsten Abend erzählte sie mir von dem Gespräch. „Sie hatte schon bemerkt, wie sehr du mir ans Herz gewachsen bist", sagte sie lächelnd und füllte meinen Napf. „Ich habe ja sehr oft von dir gesprochen. Sie wollte sogar wissen, warum du Lidl heißt", fuhr sie fort und schaute mir beim Fressen zu. „Ich habe ihr von unserer ersten Begegnung auf dem Parkplatz erzählt. Lidl, sie hat nichts dagegen, dass wir es ausprobieren." Sie lachte und ihre Tränen tropften neben meiner Futterschale auf die Fliesen.

So kam es, dass Lexi mich jeden Tag mit ins Hospiz nahm. Der großzügige Garten wurde tagsüber zu meinem Zuhause. Nach Feierabend begleitete ich sie in ihre Wohnung und wir genossen unsere gemeinsame Zeit.

An einem Abend im Spätsommer machten wir uns auf den Heimweg. Lexi schwieg. Das war ungewöhnlich für sie.

Zu Hause erzählte sie mir traurig, dass an diesem Tag ein neunjähriger Junge ins Hospiz eingezogen war, der lebensverkürzend an Krebs erkrankt sei. Tom, so hieß der kleine Held, hatte sein Schicksal angenommen und war für seinen jüngeren Bruder und seine Eltern sehr tapfer. Lexi war sich sicher, dass Tom in den nächsten Tagen sterben würde. Es tröstete sie, dass er dann von seinen Qualen erlöst sein würde, aber sie haderte mit seinem frühen, sinnlosen Tod. Ihr Mitgefühl galt seiner Familie.

Ich war neugierig auf den mutigen Jungen und wollte ihn kennenlernen. Am nächsten Tag wartete ich im Gebüsch in der Nähe des Eingangs. Wie durch Zauberei öffnete sich die gläserne Tür. Ich nutzte meine Chance und flitze ungesehen ins Gebäude. Dort versteckte ich mich unter einer Kommode, bis ich mir sicher war, in welchem Zimmer Tom untergebracht war.

Seine weinende Mutter bemerkte nicht, dass ich an ihr vorbeihuschte, als sie sich von ihrem Kind verabschiedete. „Papa ist gleich bei dir. Ruh dich etwas aus, mein Schatz. Ich komme heute Abend wieder." Sie schloss die Tür.

Tom lag in einem viel zu großem Bett. Sein zarter Körper zeichnete sich unter der Bettwäsche ab, auf der die Gesichter der Ehrlich Brothers prangten. Seine Augen waren geschlossen. Dunkle Ringe bildeten einen krassen Gegensatz zu seiner blassen Haut.

Ich wartete auf dem Stuhl, dessen Sitzfläche noch warm von Toms Mutter war, bis er seine Augen öffnete und mich erblickte. Langsam hob er seine Hand, in der eine Kanüle steckte, senkte sie und deutete ein Klopfen auf der Bettdecke an. In einem Satz sprang ich neben ihm auf die Matratze und legte mich dicht an seinen Arm. Sofort spürte ich seine Finger in meinem Fell.

Tom streichelte mich, solange er konnte. Er sagte kein Wort. Als seine Hand von meinem Rücken rutschte, rückte ich noch etwas näher an ihn heran.

„Lidl! Was machst du hier?" Lexi stand im Türrahmen und schaute mich an. Tränen schimmerten in ihren Augen. Sie ließ sich auf den Stuhl sinken.

„Gut, dass du bei ihm warst. Ich bin sehr stolz auf dich, mein Freund", sagte sie einige Minuten später. Ihre linke Hand lag auf Toms Oberarm, mit ihrer rechten Hand streichelte sie mich.

Seit diesem Tag zogen mich die Vorboten des Todes auf unerklärliche Weise an und ich habe viele Menschen auf ihrem letzten Weg begleitet. Für einige war ich ein guter Zuhörer, für andere ein lebendiges, warmes Wesen, das sie anfassen konnten. Für manche ein guter Freund auf Zeit. Manchmal hielt ich einfach nur die Stille aus.

Gerade sitze ich an einem Bett und denke an den Tag, an dem Lexi mich zum Tierarzt brachte. Hätte sie sich nicht um mich gekümmert ... vielleicht wäre mein Schicksal auf dem kalten Pflaster besiegelt worden. Wir wären nie Freunde geworden. Mich schreckt der Tod nicht. Alles hat seine Zeit. Wenn ich mir etwas wünschen darf? Lexi soll in dem Moment an meiner Seite sein, wenn ich als Kater Lidl die Erde verlasse und über die magische Regenbogenbrücke schreite.

Birgit Hedemann wurde 1965 in Münster/Westfalen geboren. In ihrer Freizeit engagiert sie sich ehrenamtlich in der Hospizgruppe Billerbeck e.V. Um ihrer Leidenschaft, Geschichten zu erzählen, den richtigen Rahmen zu geben, erlernte sie 2015 das Handwerk für das kreative Schreiben in einer Schreibschule. Sie wohnt mit Mann und Kater Lidl in Billerbeck. Ihr idyllischer Wohnort wird auch als „Perle der Baumberge" bezeichnet. Er dient als Kulisse für ihre düsteren Familiengeschichten. Korruption, Intrigen und Mord. Das schöne, beschauliche Münsterland als Ort des Verbrechens. Weitere Infos: www.birgithedemann-billerbeck.de.

Freunde

Wenn ich mit meinen Freunden zusammen bin,
dann strahlen wir etwas aus.
Es ist kein Neid oder Streit, auch keine Boshaftigkeit.
Es ist Freundschaft! Das ist ein Gefühl!
Mir wird warm ums Herz – nicht kühl!

Wenn ich mit meinen Freunden zusammen bin,
dann ist alles so leicht und die Angst weicht.
Zusammen haben wir so viel Spaß –
wir formen Glas oder fliegen auf den Mars.

Wenn ich mit meinen Freunden zusammen bin,
dann streite ich mich mal und vertrage mich auch wieder.
Das ist ein alter Brauch!
Und wenn ich traurig bin,
dann sind sie immer da!
Sie helfen mir! Na klar!
Egal ob Winter, Herbst, Frühling oder Sommer.
Freunde halten zusammen!

Frida, 8 Jahre, HasenGrund-Schule Berlin/Niederschönhausen.

Ein Mini-Schuluhu findet ein Zuhause

Wie war sie nur hierhergekommen? Sie wusste es nicht. Einsam lag sie hier auf dem Gehweg und konnte sich nicht rühren. Entweder sah sie niemand oder ihr wurde Missbilligung entgegengebracht. Eine kleine Eule, weggeworfen, verloren, ihrer überdrüssig geworden. Ihr pink-lila-farbenes Fell war mittlerweile mit Straßendreck überzogen und die weiße Fläche auf ihrer Vorderseite war grau. Traurig blickten ihre pink-schwarzen Augen starr auf einen Punkt im Himmel. Der Himmel. Gab es so etwas für Stofftiere überhaupt? Und wenn ja, war dies vielleicht der Zeitpunkt, an dem sie dorthin kam? Wie viel Zeit war mittlerweile vergangen, seitdem sie hier lag? Es fühlte sich wie eine Ewigkeit an. Was würde mit ihr geschehen? Angst stieg in der kleinen Eule auf. Würde man sie nun einfach in den Müll werfen?

„Schau mal, was ist denn das?", fragte eine weibliche Stimme.

Die kleine Eule war schon müde und so achtete sie nicht mehr auf ihre Umgebung. Erst als sie vorsichtig hochgehoben wurde, kam sie wieder richtig zu sich. Ihr Blick fiel auf den Menschen, in dessen Hand sie gerade saß. Eine Frau mit dunklen, schokoladenbraunen Haaren und grünen Augen. Auf dem Kopf trug sie eine Sonnenbrille und sie lächelte das Stofftier an.

„Eine kleine Eule", hörte sie eine männliche Stimme daneben sagen. „So dreckig. Wie sie aussieht, liegt sie schon länger hier."

Die Finger der Frau zerzausten ein wenig ihr Fell. „Sie ist sehr hübsch. Wenn man sie sauber macht, sieht sie aus wie neu."

Hoffnung keimte in der kleinen Eule auf. Sollte sie wirklich ein neues Zuhause finden dürfen? Sie wagte kaum, diesen Gedanken zu Ende zu denken. Zu groß war die Angst vor einer Enttäuschung.

Wider Erwarten hielt die Frau sie weiter in den Händen und sie spürte, wie sie in eine Tasche gelegt wurde. Es war dunkel und die kleine Eule bekam Angst.

Hätte man sie doch nur auf der Straße liegen lassen! Hier war es noch viel schlimmer! „Bitte lasst mich wieder raus", dachte sie, aber natürlich hörte sie niemand. Das kleine Herz schlug ihr bis zum Hals. Was würde nun passieren?

Wenig später wurde sie aus der Tasche geholt. Vorsichtig sah sie sich um und stellte erstaunt fest: Sie war in einer Wohnung. War dies das Zuhause der beiden Menschen, die sie aufgelesen hatten?

„Ich glaube, dich müssen wir erst mal waschen, kleines Eulenkind. Du bist wahnsinnig schmutzig. So kannst du dich doch nicht wohlfühlen", sagte die Frau und brachte das Stofftier ins Badezimmer. Dort wurde im Waschbecken warmes Wasser eingelassen und dann wurde sie gründlich mit Seife im Handwäsche-Menschen-Programm gewaschen. Erst war die kleine Eule nicht so glücklich darüber gewesen. Sie hatte Angst, dass sie in die Waschmaschine geworfen und dort herumgewirbelt würde. Doch diese Art des Saubermachens fand sie toll.

Als sie aus dem warmen Wasser gehoben wurde, war sie vor Nässe doppelt so schwer. Schön war das nicht und sie hoffte inständig, dass sie schnell trocken wäre. Kräftig wurde sie ausgedrückt und anschließend geföhnt. Die Wärme war schön und sie fühlte sich danach wieder eulenwohl.

Die Frau trug sie erneut durch die Wohnung und setzte sie zu einem Plüschnilpferd auf den Schoß. Vorsichtig hob die kleine Eule ihren Kopf. Die Schnauze des Nilpferds war riesig. Doch seine Augen waren gütig und es schaute sie neugierig an.

„Wer bist du?", fragte sie mit zitternder Stimme.

„Mein Name ist Herr Pferd. Und wer bist du?"

Hilflos zuckte sie mit den Flügeln. „Ich weiß es nicht", antwortete sie leise.

„Wieso weißt du das nicht?"

„Ich hatte noch nie einen Namen."

Erstaunt blickt das Nilpferd sie an. „Ein sonderlich schönes Zuhause hattest du wohl bislang nicht, oder?"

Sie schüttelte den Kopf, während er seinen schief legte. In dem Moment schuhute die kleine Eule. Der Laut entkam einfach ihrer Kehle.

„Wie wäre es mit Mini-Schuluhu?", fragte das graue Tier.

„Oh", sagte sie leise und überlegte eine Weile. Dann nickte sie. Der Name gefiel ihr sehr gut.

So fand das kleine Stofftier, das auf der Straße gelegen hatte, endlich sein Zuhause. Zu seiner neuen Familie gehörten ein Elch und ein Bär, mit denen sie sich prima verstand.

Die Eule war angekommen und mauserte sich im Laufe der Zeit zu einer selbstbewussten Persönlichkeit, die ihrem Papa Herrn Pferd manchmal ganz schön auf dem Kopf herumtanzte.

Beccy Charlatan *wurde 1982 in Wuppertal geboren und wuchs dort auf. Mittlerweile hat es sie mit ihrem Lebensgefährten etwas weiter an den Rhein verschlagen, ins schöne Düsseldorf. Schon von Kindesbeinen an schrieb sie gern, geht der Liebe zu den Buchstaben jedoch erst seit circa vier Jahren nach. Sie schreibt unter anderem im Bereich Fantasy. Im Jahr 2021 sind die ersten drei Kurzgeschichten in einer Anthologie erschienen. Instagram @beccycharlatan; Homepage: https://beccy-charlatan-autorin. jimdosite.com/.*

Essen oder Freundschaft?

„Wenn ich ausziehe, will ich wieder ein Haustier haben", hatte ich immer gesagt. Ich liebe Tiere. Doch nach der Geburt meiner Schwester hatten wir unsere Vierbeiner abgeben müssen. Sie reagierte allergisch auf Tierhaar. Für mich als Jugendliche ging damals eine kleine Welt unter.
So war das Erste, was ich nach dem Unterschreiben des Mietvertrags tat, ein kleines Haustier zu holen. Für einen Hasen fand ich meine Wohnung zu klein, Mäuse oder Ratte konnte ich meiner Mutter nicht antun, daher fiel meine Wahl auf einen Hamster.
Tagsüber schlief mein kleiner Chipetto seelenruhig in seinem Käfig. Abends, wenn er und ich wach waren, hatte er Auslauf in seiner Kugel. Ich hatte Angst, dass er die Kabel anknabbern würde, aber trotzdem hatte ich ihm mehr Bewegung als einen Käfig und das Hamsterrad geben wollen.
Eines Tages, als ich am Lesen war, krabbelte etwas über meine Decke. Mit großen Augen sah ich meinen Hamster an. Dass er ein Schmuser war, wusste ich schon, aber dass er freiwillig zu mir kam, überraschte mich dann doch.
„Wie bist du aus deiner Kugel gekommen?", fragte ich ihn und streichelte ihn zwischen den Ohren. Auch die Tage darauf lief er immer wieder ohne Kugel herum. Wie er das schaffte? Dahinter bin ich nie gekommen. Ich war nur froh, dass er nie irgendetwas anknabberte.
Die Tage wurden zu Wochen und diese zu Monaten. Chipetto und ich hatten unseren Rhythmus, den nicht mal mein Freund unterbrechen konnte. Als er und ich zusammenzogen, hatte mein kleiner Nager sogar ein eigenes Zimmer. Unsere Gewohnheiten legten wir trotzdem nicht ab.
Eines Tages kam mein Freund mit einer Babykatze an. Ich war begeistert, aber nicht lange. „Hast du mal an Chip gedacht?", meckerte ich ihn an.
„Der hat ein eigenes Zimmer und die Katze kommt da nicht rein."

Gegen diese Logik konnte ich nichts einwenden. Chipetto war in seinem Zimmer sicher. Dies dachte ich zumindest. Nur dass Klein Jacky nicht begeistert von geschlossenen Türen war und auch sehr schnell herausfand, wie man diese öffnete. Anders konnte ich mir jedenfalls nicht erklären, wie sie auf einmal auf dem Käfig liegen konnte.

Später habe ich mir das Kennenlernen von Hamster und Katze und ihre Übereinkunft so vorgestellt:

Ein komisches Geräusch weckt mich. Mein Blick geht auf die Watte über mir. Puh, alles normal. Müde strecke ich mich erst mal und reibe meine Knopfaugen. Ich krabbel langsam aus meinem Wattenest. Je näher ich dem Ende komme, umso komischer riecht es. Diesen Geruch trägt mein Lieblingsmensch gerade öfter an sich, aber nie ist er so intensiv wie jetzt. Vorsichtig stecke ich meinen Kopf heraus. Fell braun, schwarz und weiß. Und da kommt wieder dieses Geräusch, es klingt wie ein seichtes Magengrummeln.

„Was haben wir denn da?", höre ich eine weibliche Stimme.

Mein Blick geht das bunte Fell entlang und kommt zu einem Kopf. Rundlich, spitze Ohren ... fast kann ich sagen: eine riesige mutierte Hamsterdame, na ja, bis auf diese grünen komischen Augen.

„Chipetto ist mein Name. Und deiner?"

„Jacky", antwortet sie mir und steht auf.

„Riesige Hamsterdame", kommt es mir in den Sinn. Schnell reibe ich meine Knopfaugen. So ein großes Tier habe ich noch nie gesehen. Vögel, Meerschweinchen, Kaninchen, Ratten und Fische waren in den anderen Käfigen gewesen, bevor die Menschen gekommen waren und welche von ihnen mitgenommen hatten, wie mein Lieblingsmensch mich eben.

„Was bist du?", fragte ich leise.

Gähnend streckt mein Gegenüber sich und beginnt, ihre haarige Pfote zu schlecken. „Eine Katze", sagt sie und macht weiter.

„Katze? Was ist das?" Neugierig gehe ich weiter aus meinem Wattenest.

Sie sieht mich einfach nur an. „Du kennst keine Katzen?", meint sie auf einmal.

„Nein, dort, wo ich groß geworden bin, hat es so was wie dich nicht gegeben."

Wieder ist ihr Blick nur auf mich gerichtet.

„Hast du mich denn schon mal gesehen?"

„Nein, ich war mit vielen anderen Katzen in einem Zimmer eingesperrt", gibt sie nach einiger Zeit zu.

„Jacky! Was machst du denn hier?", höre ich plötzlich meinen Lieblingsmensch. Er kommt ins Zimmer. Ah, wie er wieder nach frischer Wiese riecht! Ich liebe diesen Duft. Hat sie mir wieder Gras mitgebracht? Schnell nimmt sie die Katze hoch und streichelt ihr über den Kopf. „Du sollst doch nicht hier rein, das ist Chipettos Zimmer. Du hast den Rest der Wohnung."

Jacky machte ein komisches Geräusch, mit diesem hatte sie mich vorhin auch geweckt. Mein Mensch verlässt mein Reich mit Jacky und verschwindet.

Schon am Abend, als ich wieder in meinen Käfig bin und in meinem Rad laufe, geht dir Tür erneut auf. Jacky springt über die kleine Mauer, die mich daran hindert, aus diesem Zimmer zu kommen. Mit einem weiteren Satz ist sie auf dem kleinen Tisch und anschließend wieder auf meinem Käfig.

„Sie schläft jetzt", erklärt sie mir, als ich aus meinem Rad klettere und hochblicke.

„Warum darfst du nicht zu mir?", frage ich.

Sie sieht aus dem Fenster. „Sie denkt wohl, dass ich dich fressen werde."

„FRESSEN?! Willst du mich denn fressen?", will ich von Jacky wissen und meine Barthaare fangen an zu zittern.

„Kein Interesse." Sie legt sich hin. „Sicher, du siehst appetitlich aus. Und ich denke, dass einige meiner Art da nicht Nein sagen würden. Aber ich sehe es von dieser Seite: Ich bekomme so gut wie alles, was ich will." Ihre Zunge geht über ihre behaarte Pfote. „Dazu gehe ich davon aus ...," Ein weiterer Schlecker. „... dass ich wieder im Tierheim lande, sollte ich doch mit den Gedanken spielen."

„Was ist ein Tierheim?"

Die Katze hört in der Bewegung auf und mustert mich. „Da, wo wir herkommen."

„Nein, ich komme aus dem Zoofachgeschäft."

Sie sieht traurig aus. „Dann hast du Glück gehabt." Grazil dreht sie sich ganz zum Fenster. „Mich und meine Geschwister haben Menschen geschlagen, dann kamen andere und haben uns in einem Raum gesperrt, nicht viel größer als das hier. Ab und zu sind welche vorbeigekommen und haben einen von uns mitgenommen. Manchmal auch zwei."

„Aber jetzt hast du doch viel Platz. Oder ist unsere Wohnung klein?"

„Und zwei Menschen, denen ich wichtig bin." Ihre grünen Augen richten sich auf mich. „Darum wäre ich dumm, dir etwas anzutun."

„Dann können wir doch Freunde sein. Manchmal ist das Hamsterleben echt einsam."

Sie springt herunter. „Wir müssen nicht übertreiben", meint sie und springt mit einem Satz über die Mauer.

Zumindest will sie mich nicht fressen, das ist ein Anfang und was dann noch kommt, werden wir sehen.

Oder vielleicht wollte Jacky ihn doch fressen und Chipetto überredete sie, es nicht zu tun? Ich wusste es nicht. Sicher war nur, dass Ausbruchskönig und Einbrecherkönigin mir einige Schreckensmomente beschert haben. Als sie zum Beispiel meinte, sich in seinen Käfig legen zu müssen, um Chipetto zu putzen. Oder er mit in ihrer Katzbaumhöhle lag und an ihrem Bauch schlief. Auch wenn ich immer Angst hatte, dass sie ihn als Futter ansah, hatte sich anscheinend eine Freundschaft zwischen den beiden gebildet. Wenn wir im Bett lagen und er seine leisen Fiepsgeräusche machte, stand sie auf und brachte ihn zu uns ins Bett.

Als seine Zeit gekommen war und ich ihn beerdigen musste, lag sie noch Wochen danach auf oder in seinem Käfig. Sie wollte nicht weg von dort. Einen neuen Hamster wollte ich nicht, er wäre niemals ein Ersatz für Chipetto gewesen. Ich bezweifelte auch, dass Jacky diesen akzeptieren würde.

Es war über die Zeit schön zu sehen, dass zwei so unterschiedliche Tiere mehr waren als Jägerin und Gejagter.

Luna Day *lebt mit ihrer Familie in Augsburg.*

Zwei Eulen auf einem Ast

Es waren einmal zwei Eulen. Sie hießen Lili und Pili. Lili hatte Pili noch nie geärgert. Und Pili hatte noch nie Lili geärgert. Einen Streit gab es nie. Sie teilten sich den Ast, auf dem sie immer saßen. Lili hatte zarte Federn. Die Farbe von Lilis Federn war leicht bräunlich. Die Farbe von Pilis Federn war stark braun. Lili und Pili waren tolle Schwestern. Der Ast, auf dem sie immer saßen, war von einem Apfelbaum. Sie waren beide sehr jungen Eulen. Sie verstanden sich gut. Das Tollste aber war, dass sie sich alles teilten – die Nahrung, den Ast, ihre Gefühle und alles, was zum Leben dazugehört. Eine schöne Vorstellung.

Mascha Janke *(9 Jahre), HasenGrund-Schule Berlin.*

Charlotte und Bernie

Es ist Sonntagmittag und die kleine Charlotte ist wieder einmal in ihrem Element: Sie schreit und schreit und schreit. Ihre Eltern Anna und Jonas versuchen alles, um Charlotte zu beruhigen. Sie wiegen und tragen sie, bieten ihr ein Fläschchen an, versuchen, sie mit Spielzeug abzulenken –, doch nichts hilft. Charlotte brüllt.

„Ach, wenn wir nur endlich herausfinden würden, wie wir unserer kleinen Charlie helfen können", klagt Anna, während sie verzweifelt ihr schreiendes Kind herumträgt.

Jonas schüttelt traurig den Kopf: „Ja, so schade, dass sie noch nicht reden kann. Dann könnte sie uns sagen, was ihr fehlt oder was sie möchte."

Als Charlotte zwei Stunden später endlich einschläft, lassen sich Jonas und Anna erschöpft auf das Sofa fallen. Endlich Ruhe. Doch – oh nein! – da klingelt es an der Wohnungstür und natürlich fängt Charlotte sofort wieder an zu schreien. Anna und Jonas sehen sich an und seufzen.

„Wer läutet denn da zum denkbar schlechtesten Zeitpunkt?", murmelt Jonas ärgerlich und geht, während Anna Charlotte wieder aus ihrer Wippe nimmt, in den Vorraum. Er öffnet die Tür. Da steht sein Nachbar Mark, neben ihm sein Bernhardiner Bernie.

„Hallo, Jonas, entschuldige, dass ich störe", stottert Mark. „Es ist so, ich muss dringend ein paar Tage zu meiner Mutter in die Stadt. Sie muss nämlich ins Krankenhaus und braucht meine Hilfe. Ich kann Bernie unmöglich mitnehmen. Und da wollte ich euch fragen, ob ihr ihn eventuell aufnehmen könntet, bis ich wieder zurück bin." Er sieht Jonas unsicher an.

„Ähm, wir sollen tagelang auf deinen Hund aufpassen?", fragt Jonas. „Tut mir wirklich leid, Mark, aber wir haben wirklich mehr als genug Arbeit mit unserer kleinen Charly, da können wir nicht noch zusätzlich für Bernie sorgen."

„Ja, klar, ich verstehe", sagt Mark traurig, „ich wollte nur mal fragen.

Dann werde ich Bernie wohl zu meiner Tante bringen müssen. Bei ihr fühlt er sich zwar nicht wohl, weil sie ziemlich streng ist, aber, tja …"

„Hallo, Mark. Ach, mir tut es ebenfalls leid, dass wir dir nicht helfen können. Bernie ist ja ein total lieber Hund, aber du siehst, besser gesagt, du hörst ja selbst, wie stressig es bei uns derzeit ist ", sagt Anna, die mit der brüllenden Charlotte im Arm zu ihnen in den Vorraum gekommen ist.

Bernie sieht Anna und dann Charlotte an, macht zielstrebig einen Schritt auf sie zu und schleckt dann mit seiner großen Zunge sanft über Charlottes nackte, kleine Füße. Charlotte hört sofort mit ihrem Geschrei auf und beginnt zu lachen. Und als Bernie nochmals über ihr

Füßchen schleckt, quietscht sie richtiggehend vor Lachen. Das haben Anna und Jonas schon lange nicht mehr von ihrem Töchterchen gehört. Sie sehen sich verwundert an und müssen ebenfalls lachen.

„Was meinst du, Anna? Sollen wir es doch mit Bernie versuchen?", fragt Jonas.

Anna sieht lächelnd zu Charlotte, die ihre Händchen in Bernies Fell vergräbt und glücklich lacht, und nickt. „Ja, ich denke, das machen wir."

„Oh, wie schön, ich danke euch vielmals", freut sich Mark, „ihr kennt Bernie ja. Er ist wirklich eine Seele von Hund, sanftmütig und problemlos. Vor allem liebt er Kinder über alles. Und eure Kleine mag ihn ebenfalls, das ist ersichtlich. Wenn ihr einverstanden seid, bringe ich euch jetzt sein Körbchen, Leine und Futter. Aber falls es euch doch zu viel mit ihm wird, ruft bitte meine Tante an, und sie wird ihn sofort abholen." Er gibt Jonas eine Karte, auf der Name und Telefonnummer von Marks Tante stehen.

Doch diese Nummer werden weder Jonas noch Anna in den folgenden Tagen anrufen. Bernie entpuppt sich nämlich als wahrer Glücksfall. Zwischen der kleinen Charlie und dem riesigen Bernie entwickelt sich eine tiefe Freundschaft. Die beiden sind unzertrennlich. Bernie schläft neben Charlottes Bettchen, sobald sie aufwacht, steht er neben ihr und sie legt quietschend vor Vergnügen ihre Patschhändchen auf sein weiches Fell.

Beim Spazierengehen trottet Bernie brav neben dem Kinderwagen her. Und sobald Charlotte aus irgendwelchen Gründen zu schreien beginnt, schleckt Bernie sanft über ihre Füßchen und Händchen. Dann verwandelt sich Charlottes Schreien sofort in ein Lachen.

Anna und Jonas sind überglücklich, ihre kleine Tochter so zufrieden zu erleben. Jeden Tag sagen sie zueinander: „Bernie ist der beste Babysitter, den man sich nur vorstellen kann."

Viel zu schnell vergehen die Tage. Als Mark wieder zurück ist, freut er sich sehr, als Anna und Jonas ihm bei Kaffee und Kuchen erzählen, dass Bernie nicht eine zusätzliche Belastung, sondern im Gegenteil eine riesengroße Hilfe für sie gewesen ist.

„Charlie wird Bernie nun bestimmt furchtbar vermissen", sagt Anna traurig.

Mark überlegt kurz. Und dann drückt er Jonas einen Zweitschlüssel seines Hauses in die Hand.

„Ihr könnt Bernie jederzeit abholen", sagt er. „Zum Spazierengehen. Zum Kuscheln. Oder wenn eure kleine Charlie ihren Hundefreund braucht, damit er ihr über ihre Füßchen schleckt."
„Das ist ja großartig, Mark! Vielen lieben Dank!" Anna und Jonas strahlen. „Was meinst du dazu, Charlie?"
Und Charlotte vergräbt wie so oft ihre kleinen Hände in Bernies Fell und lacht vergnügt.

Lisa Dvoracek, *geboren 2003 in Wien, lebt ebendort. Sie engagiert sich für den Tierschutz und arbeitet ehrenamtlich in einem Tierschutzhaus. Ist eine Leseratte und schreibt sehr gerne Tiergeschichten.*

Großstadtherzen

Es war eine Freundschaft zwischen uns, die so ganz anders als gewöhnlich war, von der wir beide nicht wussten, was das zwischen uns wird. Zum Schluss trenntest du dich dennoch von mir, um eine andere zu werden. Und bei mir blieb eine offene Wunde zurück. Damals konnte ich nicht verstehen, warum du dich von mir abgewendet hast. Doch heute ist das anders. Nun kann ich dich verstehen. Und trotzdem wünsche ich mir einen Neuanfang mit dir.

Ich habe selbst in den letzten Jahren mehrfach die Erfahrung gemacht, mich in einer Freundschaft nicht weiterentwickeln zu können. Wenn ich die Augen schließe, sehe ich uns immer noch und frage mich dabei, was unsere Freundschaft ausmachte. Es war ein besonderes Gefühl zwischen uns. Ja, es war definitiv das Gefühl zueinander. Das war außergewöhnlich. Das machte unsere Beziehung besonders. Es war Liebe. Eine Liebe, die wir selbst nicht beschreiben konnten. Auf etwas festlegen wollten wir uns nicht.

Selbst dein WG-Freund fragte dich bei unserem letzten Treffen, was das zwischen uns sei.

Nicht nur einmal sagtest du zu mir: „Wir sind wie zwei Schwestern." Und doch war so viel mehr zwischen uns. Eine Freundschaft, die einer Liebe im Weg stand. Einer Liebe, die nicht zwischen zwei Freundinnen sein darf. Doch heute weiß ich auch, dass du deine Gründe haben musstest, warum du dich von mir abgewendet hast. In einer deiner letzten Nachrichten schriebst du, dass du dich in meiner Gegenwart klein gefühlt hast, dann fühltest du dich aber auch wieder durch mich aufgewertet und besonders. Besonders dann, wenn wir zusammen tanzen gingen, dann fühltest du dich schön und frei an meiner Seite. Heute weiß ich, dass du so viele Themen hattest, sodass wir einfach nicht glücklich werden konnten.

Vor allen Dingen ist mir bewusst geworden, warum ich mich so sehr zu dir hingezogen fühlte. Ich habe so viel Vergangenes von mir in dir gesehen. Und dennoch hatte ich während unserer Zeit auch meine ganz eigenen Themen. Ich war eine ganz andere, als ich heute bin. In deiner letzten Nachricht schriebst du, dass du dich oft klein neben mir gefühlt hast.

Doch heute weiß ich, dass ich deine eigenen Minderwertigkeitsgefühle lediglich in dir ausgelöst habe. Dennoch tut es mir leid, wenn ich dir sehr oft und direkt meine Sichtweise mitteilte, was deine Männergeschichten betrafen, die ja sehr oft für Gesprächsstoff zwischen uns sorgten. Oder zum Thema mit deiner Mutter, dass du mit ihr am liebsten den Kontakt abbrechen würdest. Dass meine Ratschläge vielleicht manchmal von oben herab kamen, zudem mein Leben damals ja auch nicht in bester Ordnung war, tut mir leid.

Heute ist mir bewusst, dass ich damals ziemlich viele Probleme hatte. Im Nachhinein bin ich einfach nur froh, dass wir uns aus diesem verzwickten Muster unserer Freundschaft befreien konnten. Es war keine Freundschaft auf Augenhöhe zwischen uns. Dass du sieben Jahre jünger als ich warst, war wohl nur eine Randerscheinung des Ganzen.

Du hast durch mich all deine Themen gespürt. Das war wahrscheinlich einfach zu viel für dich. Ich habe immer versucht, dich zu bestärken, deinen Weg zu gehen, wobei ich oft deine und meine ganz eigenen Grenzen übersehen und überschritten habe. Das tut mir leid. Deine Themen begannen mich zu belasten, wahrscheinlich auch deshalb, weil ich mir immer stärker über meine eigenen Themen bewusst wurde. Das erkannte ich aber erst mit der Zeit durch den Abstand zu dir. Deshalb war es im Nachhinein nur gut, dass du dich aus unserer Freundschaft gelöst hast. Auch wenn es mir damals das Herz brach. Schließlich hatte ich so tief schon lange für keinen Menschen mehr empfunden.

Als ich dich zum ersten Mal gesehen habe, wünschte ich mir, dass du meine beste Freundin wirst. Und so wolltest du auch die meine werden. Für mich war es Liebe auf den ersten Blick. Von da an waren wir unzertrennlich, bis du aus Berlin weggezogen bist. Kein Typ konnte da mithalten, wenn wir zusammen durchs Nachtleben der Großstadt zogen. Überallhin nahm ich dich in deinen jungen, zarten Jahren mit – in die Klubs, wo du ohne mich noch nach deinem Ausweis gefragt worden wärst.

Als wir uns kennenlernten, ging die Karriere von uns beiden steil nach oben. Nach einem Jahr wurdest du in einer anderen Stadt engagiert und dein Traum ging in Erfüllung. Du bekamst endlich einen

Festvertrag und lebtest in einer traumhaft schönen, großen Altbauwohnung mit netten Menschen in einer WG zusammen. Doch die Schattenseiten deines Lebens waren auch dort für dich schnell wieder spürbar. Du fingst an, Berlin zu vermissen und natürlich auch mich. Du warst räumlich wieder näher bei deinen Eltern und fühltest dich von ihnen eingeengt und schließlich erdrückt. Das kam alles wieder hoch bei dir. Das Mädchen, das sich aus den Stricken der Vergangenheit erst befreien lernen musste, fühlte sich durch die Nähe wieder kontrolliert und eingeengt.

Und auch ich vermisste dich unsterblich in den nächsten zwei Jahren unserer räumlichen Trennung. Ich konnte mich erst nach über einem Jahr dazu durchringen, dich im Süden zu besuchen. Einmal trafen wir uns vor diesem besagten Treffen noch, als du für einen Kurztrip nach Berlin kamst. Da war alles so wie früher. Wir waren innig, unzertrennlich und machten das, was wir am liebsten miteinander teilten. Wir kuschelten abends zusammen auf meiner Couch und guckten unsere Lieblingsfilme. Wir fühlten uns frei – ohne Grenzen in der Großstadt. Wir eroberten gemeinsam das Berliner Nachtleben immer wieder auf ein Neues.

Wenn eine von uns beiden einen Typen kennenlernte, war es nur von kurzer Dauer. Kein Typ der Welt konnte in der Phase unseres Lebens unserer Freundschaft das Wasser reichen. Wir tanzten eng umschlungen bis zum Morgengrauen vor deiner Abreise miteinander.

Alle paar Tage texten wir uns oder nahmen liebevolle Sprachnachrichten für die andere auf, bis ich dich in deiner neuen Wohnung in der Ferne endlich besuchen kam. Unsere Begrüßung am Bahnhof war innig und stürmisch, so wie immer. Die drei Tage waren schön mit dir, doch auch traurig für mich. Ich merkte, dass ich dir nicht helfen konnte.

Heute weiß ich, dass ich die Rolle einer Art Therapeutin übernommen hatte. Das tut mir wirklich leid. Anstatt, dass ich dich damals so angenommen hätte, wie du warst, versuchte ich, dich zu verändern. Ich wollte, dass du glücklich bist.

Heute wende ich mich mir selbst zu und habe aus den vergangenen Mustern meiner Freundschaften gelernt. Ich gebe nicht mehr ungefragt Ratschläge oder bewerte den anderen negativ.

Bitte verzeih mir dafür!

Ich war selbst damals der Illusion verfangen und glaubte, dass ich etwas tun muss, um die Liebe des anderen zu gewinnen. Heute lebe ich nur noch eine gesunde Beziehung auf Augenhöhe, wo beide Seiten unabhängig voneinander glücklich sind. Ich bin gewiss, dass so erst das Miteinander in Liebe möglich sein kann. Ich brauche niemanden mehr an mich zu binden. Ich und mein Gegenüber sind frei und es ist das schönste Gefühl, so Zeit miteinander zu verbringen und an der Entwicklung der anderen Person Anteil nehmen zu dürfen.

Ich danke dir für dich und die Erfahrung und für all das, was ich daraus lernen durfte.

Im Herzen hoffe ich dennoch, dass du dich irgendwann bei mir melden wirst.

Wenn du tatsächlich irgendwann Lust und Interesse verspüren solltest, zu erfahren, wer ich heute bin, bist du eingeladen, das herauszufinden. Und es wäre für mich eine große Herzensangelegenheit, dich dann zum zweiten Mal kennenlernen zu dürfen.

*Die in Potsdam lebende deutsche Künstlerin **Aimée Goepfert** spielte seit 2002 in zahlreichen Theater-, Film- und Fernsehproduktionen mit. Seit 2020 produziert sie vor wie hinter der Kamera eigene experimentelle Filme und zwei ihrer Kurzfilme liefen bereits auf internationalen Festivals. Des Weiteren widmet sie sich in ihrem Leben leidenschaftlich dem kreativen Schreiben und war im Jahr 2021 teilnehmende Autorin des ersten Litfest homochrom. Seitdem wurden mehrere ihrer Kurzgeschichten in Anthologien veröffentlicht. Aimée Goepfert wurde mit dem 3. Platz in einem Kurzgeschichten-Wettbewerb 2022/23 ausgezeichnet.*

Der unendliche Wert von Freundschaft

Auf seinem Hausboot auf der Seine in Paris bereitet der 14-jährige Luka zusammen mit seinen gleichaltrigen Freunden eine Party für ihren besten Freund Zen vor. Der 14-Jährige war wegen seines Herzfehlers wieder im Krankenhaus und würde heute entlassen. Mit der Party wollen die Freunde ihm zeigen, wie viel er ihnen bedeutet.

„Ich kann mir überhaupt nicht vorstellen, wie es ist, wegen eines Herzfehlers immer wieder im Krankenhaus zu sein", murmelt Jacqueline traurig, während sie mit André und Antoine Piñatas in Form von pastellfarbenen Einhörnern aufhängt.

„Ich ebenfalls nicht", erwidert Luka gleichfalls traurig. Er verteilt Einhorn-Konfetti im Partybereich auf dem Boden. Zoe pustet Girlanden aus, welche sie an den Luftballons mit Klebeband befestigt. „Zen hat dieses Schicksal bekommen, macht aber das Beste daraus. Er akzeptiert seinen Herzfehler, genießt jeden Tag und ist abends für den Tag dankbar, den er noch erleben durfte", sagt sie.

„Trotzdem ist es furchtbar traurig, wenn dieser einhornverrückte Optimist irgendwann über die Regenbogenbrücke geht", sagt Guillaume, der die Luftballons aufbläst. Wo man hinsieht, ist der Partybereich voller Einhörner. Denn Zen liebt diese Fabelwesen von Kindheit an.

Apropos Zen, schauen wir mal, was er jetzt macht und wie es ihm geht. Zen wird von Pierre und Rosalie aus dem Krankenhaus begleitet. Draußen schließt er die Augen, breitet beide Arme weit aus und atmet tief durch. „Endlich bin ich aus dem Krankenhaus. Endlich kann ich die Sommerferien, die jetzt begonnen haben, und den restlichen Sommer genießen!", sagt er überglücklich.

„Du warst ein paar Tage im Krankenhaus, Bro", meint Pierre, der Zens Tasche trägt.

„Ihr wisst ja, wie es für mich ist, wenn mein angeborener Herzfehler mich für paar Tage ins Krankenhaus bringt. Ich fühle mich jedes Mal wie in einem Gefängnis", erinnert Zen seinen Cousin und seine Cousine traurig.

Pierre und Rosalie schauen betreten zu Boden. Schnell findet Zen seinen Optimismus zurück, der ihn von Kindheit an begleitet. Er dreht wie ein Balletttänzer eine Pirouette und bleibt mit ausgestreckten Armen vor Pierre und Rosalie stehen.

„Was wollen wir jetzt machen? Mir ist sehr danach, mit euch beiden was zu unternehmen!", blickt er sie mit leuchtenden Augen an.

Pierre und Rosalie schauen sich an. Dass Zen nur mit ihnen beiden was unternehmen will, kommt ihnen sehr recht. So sehen sie sich nicht gezwungen, ihn von Luka und den anderen Freunden fernzuhalten. Solange Zen nicht von selber darauf kommt, auch mit den anderen Freunden abzuhängen.

„Also, was willst du machen?", fragen die beiden ihren Cousin.

„Zuerst will ich mit euch zu Mittag essen!", erwidert Zen.

„Was machen wir mit deiner Tasche?", will Pierre wissen und deutet auf besagte Tasche. Zen klatscht sich eine Hand auf die Stirn. „Meine Tasche habe ich vergessen!", gesteht er zerknirscht. „Bringen wir zuerst Zens Tasche nach Hause. Somit sind wir für den restlichen Tag frei und schleppen die Tasche nicht mit uns rum", sagt Rosalie.

Ihre Cousins stimmen zu. Also fahren die drei zu Pierre. Zen wurde, als er noch ein Baby war, von Pierres Eltern adoptiert, nachdem seine Eltern plötzlich verstorben waren. Zens Vater war der Bruder von Pierres Vater. Nachdem sie die Tasche bei Pierre gelassen haben, will Zen mit den beiden im Café zu Mittag essen, welches eine schwimmende Terrasse auf der Seine hat.

Nach dem Mittagessen genießen die drei die Aussicht auf die Stadt mit dem Riesenrad in der Nähe des Eiffelturms. Nach der Fahrt gönnen die drei sich einen Eisbecher. Sie sitzen auf einer Bank an der Seine und genießen das Eis. Nach dem Eisbecher erzählt Zen seinem Cousin und seiner Cousine, dass ihm während seines Krankenhausaufenthaltes eine neue Einhorn-Geschichte eingefallen ist, die er mit ihnen beiden besprechen will, und holt sein Notizbuch – wen wundert es, dass es ein Einhorn-Notizbuch ist? – samt Kugelschreiber, der einen Einhorn-Kopf hat, aus seiner Umhängetasche, die mit Einhörnern bedruckt ist. Er liest den beiden seine bis jetzt aufgeschriebenen Ideen vor. Die drei besprechen gemeinsam diese Ideen. So vergeht der Nachmittag wie im Flug.

Als es langsam Abend wird, fragt Pierre seinen Cousin: „Hast du Lust, den Tag bei Luka ausklingen zu lassen?" Zen nickt begeistert.

„Luka und unsere restliche Clique habe ich seit heute Mittag noch nicht gesehen. Jetzt wird es langsam Zeit, dass ich mich bei ihnen melde!", meint er. Er verstaut Notizbuch und Kugelschreiber in seiner Tasche. Die drei stehen auf. Pierre holt schnell ein Tuch aus seiner Hosentasche, welches er seinem Cousin um den Kopf bindet.

„Was soll das?", protestiert Zen.

„Luka hat mich und Rosalie gebeten, dir eine Augenbinde zu verpassen und dich auf diese Weise zu seinem Hausboot zu führen", erklärt Pierre entschuldigend.

„Luka wollte uns nicht verraten, wofür die Augenbinde ist", fügt Rosalie hinzu.

„Na gut. In ein paar Minuten wird Luka mir erklären, was das für eine Aktion mit der Augenbinde ist", gibt Zen sich zufrieden.

Pierre und Rosalie führen ihn vorsichtig an der Seine entlang zu Lukas Hausboot, das nicht weit entfernt ist. Sobald sie sich dem Hausboot nähern, stoppen die drei.

„Warum halten wir?", fragt Zen.

Statt einer Antwort holt Rosalie einen Leuchtstab aus ihrer Umhängetasche und wedelt damit herum. Auch Pierre antwortet nicht.

„Da ist das Zeichen. Sie sind da", informiert Luka die anderen, als er das tanzende Licht entdeckt. Luka hatte mit Pierre und Rosalie ausgemacht, dass sie ihm mit diesem Leuchtstab Bescheid geben sollten, dass sie sich dem Hausboot nähern.

„Wollt ihr mir sagen, warum wir Halt gemacht haben?", will Zen wissen.

„Das erfährst du gleich", sagt Pierre. Die drei gehen weiter.

„Zen! Wie schön, dass es dir wieder besser geht!", empfängt Luka die Gäste an der Treppe, die an Bord seines Hausbootes führt.

„Hallo, Luka", grüßt Zen ihn erfreut. Vorsichtig helfen Luka, Pierre und Rosalie ihm auf das Hausboot.

Luka führt Zen in den Partybereich. „Gleich nehme ich dir die Augenbinde ab, damit du auf die plötzliche Helligkeit vorbereitet bist", warnt Luka ihn. „Ich zähle bis drei. Eins – zwei – drei." Er nimmt Zen die Augenbinde ab.

„Überraschung!", ruft die restliche Clique laut und wirft Konfetti in die Luft.

Zen ist anfangs etwas verwirrt und schaut sich um. Als er die Umgebung genauer in Augenschein nimmt und überall Einhörner sieht, quietscht er laut vor Freude. „Diese Party haben wir für dich vorbereitet, um dir zu zeigen, was für ein einzigartiger und unersetzlicher Freund du für uns bist", erklärt Jaqueline.

„Wirklich?", kann Zen es nicht fassen. Seine Augen werden feucht, so gerührt ist er.

Guillaume sitzt hinter dem Schlagzeug. Sanft schlägt er mit Paukenschlägern auf die tiefe Standtrommel und stimmt so einen langsamen Rhythmus an. „Zen, du hast ein verdammt schweres Schicksal, akzeptierst es aber mit Optimismus …", beginnt er mit seiner tiefen Singstimme.

„Einhörner begleiten dich von Kindheit an …", macht Jaqueline weiter, die an einem Mikrofon steht. Die anderen Bandmitglieder nehmen ihre Plätze ein.

„Zen, dieser Song ist für dich. Mit diesem Song wollen wir alle dir mitteilen, wie sehr wir die Freundschaft zu dir schätzen und wie traurig wir sind, wenn du über die Regenbogenbrücke gehst. Und wie sehr wir dich als Freund lieben", sagt Luka an seiner E-Gitarre ins Mikro.

Jetzt heult Zen richtig. „Solche Gesten von Herzen schätze ich sehr! So sieht für mich der unendliche Wert von Freundschaft aus!", murmelt er.

Catamilla *(eigentlich Natalie Camilla Katharina)* ***Bunk*** *wurde 1989 in Niederbayern geboren, wo sie heute noch wohnt. Wegen jahrelangen Mobbings in der Schule beschloss sie 2012, ihren dritten Vornamen Katharina anzunehmen, und wird weiterhin von Familie und Freunden Katharina genannt. Catamilla ist eine Mischung aus den drei Vornamen. Von Kindheit an hat sie eine blühende Fantasie. Das Interesse am Schreiben von Geschichten entwickelte die Autistin (die Diagnose Autismus erfuhr sie mit 21 Jahren) langsam ab der Hauptschule. Seitdem hinderte sie sich jahrelang daran, die Geschichten aus sich rauszulassen und aufzuschreiben, weswegen sie heute mehr Ideen, angefangene Geschichten und Textauszüge hat als aufgeschriebene Geschichten und noch keine Geschichte veröffentlicht hat. Bei Schreibwettbewerben hinderte sie sich beim Mitmachen. Auch beim „kindle storyteller award" hindert sie sich seit 2015 beim Mitmachen. 2015 begann sie mit dem Konzept für ihre Biografie, ließ es aber schnell fallen. 2015 und 2016 schrieb sie einige Gedichte ohne Reime, hat dies aber gleich fallen lassen und diese einigen Gedichte noch nicht veröffentlicht.*

Gegner und trotzdem beste Freunde

Meine beste Freundin ist klein und süß,
aber schaust du einmal weg, dann tschüss.
Was meint sie mit tschüss, ja, das fragt man sich,
sie ist Profi im Judo und da wirft sie dich.

Ob man's glaubt oder nicht, sie ist gefährlich,
aber die Freundschaft mit ihr ist einfach nur herrlich.
Sie holt mich aus jedem tiefen Loch
und lädt mich ein auf einen Kinomittwoch.

Habe ich wieder mal einen Crush,
dann klatscht sie mir eine ganz rasch.
Klingt zwar brutal, aber ich bin ihr dankbar dafür,
sie hat für Fuckboys ein super Gespür.

Am Anfang waren wir nur Bekannte,
jemand, vor dem, wenn es hieß: „Randori", ich eher wegrannte.
Im Judo war sie mir immer überlegen
und bis heute tut sie mich von den Matten fegen.

Ins Training kam ich anfangs pro Woche nur einmal,
aber einmal ist keinmal.
Deshalb sprachen wir nicht so häufig
und grüßten uns nur beiläufig.

In der Woche sehen wir uns inzwischen siebenmal,
jeden Donnerstag asiatisch essen ist unser Merkmal.
Wir lästern dann über alles und jeden
und können über Gott und die Welt reden.

Wir telefonieren immer bis spät in die Nacht.
„Hast du etwas für die Arbeit morgen gemacht?"
„Nö, lass uns jetzt lernen, okay?"
Aber am Ende landen wir sowieso wieder auf Ebay.

Auf TikTok schicken wir uns Memes
oder Texte darüber, wie unser Ex uns abwies.
Unser Lieblingsmeme ist *Biele Biele*,
denn von den Entenvideos kriegen wir nie zu viele.

Jedes schöne Bild von mir
stammt aus der Kamera von ihr.
Und wenn ich eine Antwort mal nicht weiß,
egal, denn sie hilft mir bei jedem Scheiß.

Manchmal wollen wir etwas unternehmen,
wissen aber nicht, wonach wir uns sehnen.
McDonald's ist dann meist die Antwort
und von da setzen wir den Trip dann fort.

Mit diesem Gedicht möchte ich ihr danke sagen.
Danke dafür, dass sie niemals tut klagen,
dass sie mir immer mit Rat und Tat zur Seite steht
und niemals von meiner Seite weggeht.

Auch wenn ihr *Resting Bitch Face* mir oftmals Angst macht
und ich befürchte, dass es irgendwann mal so richtig kracht,
bin ich dankbar dafür, dass ich sie habe
und dies schreiben kann mit meiner Dichtergabe.

Und die letzten zwei Zeilen richte ich ganz bewusst an dich,
hör gut zu, Samanta, du kleiner Wicht.
Du bist ein kleiner, süßer Fratz,
hab' dich lieb, mein kleiner Spatz.

Delia Speiser (16) wohnt in Dornach (Schweiz) zusammen mit ihrer Familie. Neben dem Schreiben und der Schule verbringt sie ihre Freizeit gerne mit der Musik und dem Judo.

Danke an alle

Freunde. Was für ein großes Wort. Ein großer Begriff für eine große Sache. Meistens eine Herzenssache und manchmal etwas Nostalgisches, das bedeutet, in Erinnerungen zu schwelgen. Zurückzuschauen, vielleicht auf längst vergangene Zeiten. Vielleicht aber auch auf Zeiten, die vor einem liegen. Jedenfalls Zeiten, auf die man stolz ist. Zeiten, in denen Freunde unentbehrlich waren, und Zeiten, die man nie mehr missen möchte. All das sind Momente und Augenblicke, die es ohne das Wort Freundschaft nicht gäbe. Und diese Freundschaften sucht man mal sein ganzes Leben lang, mal passiert alles ganz zufällig und dann wiederum zerbricht man sich den Kopf darüber, wer die beste Freundin ist – aber auch wirklich die allerbeste, denn es stehen drei oder vier oder sogar manchmal noch mehr zur Auswahl. Aber eins daran ist völlig klar: Es ist vollkommen egal, wie viele Freunde man hat, wie viele man noch findet, wer die allerbeste ist oder wer der intelligenteste Freund ist. Denn das, was sie alle vereint, ist das Gefühl, nicht allein zu sein.

Wissen Sie, ich war mal achtzehn. Ja, ich weiß, ist schon eine Weile her. Eine lange Weile. Aber können Sie sich noch daran erinnern? An das kribbelnde Gefühl im Bauch zu wissen, dass Sie bald volljährig sind und einen Freifahrtsschein für Ihr eigenes Leben haben. Was haben Sie da gemacht?

„Na klar", lautet die Antwort zu großen Teilen bestimmt. „Gefeiert." „Verpennt oder nachgeholt." Aber was ist, wenn Sie Ihren großen Tag damit verbringen, was Erwachsene, zu denen ich mich damals nicht zählte, nun mal so tun: arbeiten. Ja, da fängt die Party an. Und was tun Sie, wenn Ihnen der Feierabend mal wieder so gar nicht gelungen ist, weil der beste Freund nicht erreichbar ist und die beste Freundin sich mit ihrer viertbesten Freundin getroffen hat. Wer ist dann noch für Sie da, wenn die Arbeit nicht der Rede wert, die Professoren im Studium schlecht drauf waren und der Freund einen mal wieder verlassen hat? Und dann, wenn Valentinstag ansteht, der Jahrestag und die Schei-

dungspapiere auf dem Tisch liegen in einem völlig überflüssigen, roten Umschlag. Oder aber dann, wenn der Hund die Eiscreme gefressen, der Hamster die letzten Nüsse gekriegt hat und nicht mal die Maus vor der Schlange sicher ist. Dann, wenn Sie über Nacht der Flamingo-Hype überkommt und Sie erst am nächsten Tag frustriert bemerken, dass bereits das Alpaka, Lamas und Palmen Trends von gestern waren. Wenn Sie sich wie ein Faultier fühlen, Sie der letzte Ihrer Art sind und nichts, aber einfach auch gar nichts gelingen will ...
Wer ist dann für Sie da? Womöglich irgendeine Person, die sich Zeit für diesen Augenblick nimmt und Sie sich irgendwann sicher sein können, dass diese Person Ihr Freund oder Ihre Freundin ist. In meinem Fall gab es unzählige Personen, aber nur wenige, die ich Freunde nenne. Denn es gibt jeden Tag Personen, denen ich begegne und die ich wohl wahrnehme, aber es sind diese entscheidenden, die mich vom Faulsein befreien, die nach drei Tagen Unerreichbarkeit so penetrant anrufen, dass man sich schlechter dadurch fühlt als ohnehin schon, würde man nicht endlich rangehen. Und es sind solche, die dich daran erinnern, dass das Leben weitergeht – in jeder Situation und zu jeder Zeit. Und ich denke, an dieser Stelle ist es wohl angebracht, diesen Freunden zu danken. Denn oftmals wissen sie gar nicht, was sie einem bedeuten und wie wertvoll sie sind. Und daher danke an euch alle da draußen, dass ihr mich zu dem Menschen gemacht habt, der ich bin.

Danke, Ralf, dass ich einen unvergesslichen 18. Geburtstag hatte an meinem letzten Arbeitstag vom Schulpraktikum. „Igitt, was gibt es eine höhere Strafe", hatte ich nur gedacht. Aber ich wurde eines Besseren belehrt und habe weder meinen Geburtstag gefeiert noch verpennt, denn ich war pünktlich auf der Arbeit, pünktlich im Feierabend und pünktlich beim Nachholen.

Danke an die besten imaginären Fußballvertreter, die mir das Kicken beigebracht haben und dafür gesorgt haben, dass ich nicht nur gelernt habe, vor dem Fernseher meinen Lieblingsklub gegen die Kölner und Dortmunder und die vielen anderen Vereine zu verteidigen.

Danke, Thomas, für die unzähligen Stadionbesuche und dafür, dass du mir beigebracht hast, wie man durch und durch ein wahrer Fan sein kann und das nicht nur äußerlich, sondern dank Unterwäsche auch innerlich.

Danke, Andrea, dass ich bei dir jederzeit anrufen kann und ich eine Freundin habe, bei der ich nicht nur nehmen, sondern auch etwas geben kann. Verlässlichkeit, Verbundenheit, Spaß und eine Freundschaft für immer.

Danke, Luisa, dass du in mein Leben gestolpert bist oder ich in deines und du immer für mich da warst, als ich am tiefsten Abgrund stand. Ohne dich wäre ein Aufstieg niemals möglich gewesen. Und dafür an dieser Stelle von Herzen: Danke, liebe Freunde!

Ann-Kathleen Lyssy, *1993 in Helmstedt geboren, arbeitet sie nach ihrem Studium der Landschaftsarchitektur als Gartenplanerin. Nach ersten Veröffentlichungen in Anthologien widmet sie sich ihrer Leidenschaft, dem Schreiben, und studiert seit 2021 Literatur im Fernstudiengang Kulturwissenschaften.*

Mein Haustier

Wenn die allerkleinste Freundschaft zur allergrößten wird … Wenn einem das Haustier am allernächsten steht … Ausgerechnet mein Haustier, das mir Rückhalt im Leben gibt! Viel mehr als ein jeder Mensch! Ich kann mein über alles geliebtes, sehr außergewöhnliches Haustier daher eigentlich einfach nur vergöttern! Aber augenscheinlich ist mein Haustier auch von mir sehr angetan und vergöttert mich ebenfalls regelrecht …
Denn es ist immer da. Es hat mich immer lieb. Es will immer mit mir zusammen sein. Und mich niemals missen. Es freut sich, dass es mich gibt. Es freut sich stets sehr, wenn ich endlich nach Hause komme. Es erwartet mich stets hoffnungsfroh. Es freut sich, wenn ich da bin, dass ich da bin.

Es schaut mich immer wieder mit ganz großen, sehr liebevollen und treuen Augen an. Es kuschelt sich zärtlich an mich, tröstet mich. Egal, was ist, egal, was passiert, egal, was ich anstelle: Mein Haustier hat mich immer lieb! Auch wenn ich mal Scheiße baue, es stets zu mir hält. Es trotz allem sehr viel von mir hält. Mein Haustier liebt mich einfach sehr! Und ich es noch viel mehr!

Wir beide können einfach nicht genug voneinander bekommen … Mein Haustier schmiegt sich sanft an mich, kuschelt immer wieder liebevoll mit mir. Denn es kann sich kein Leben mehr ohne mich vorstellen. Auch ich kann mir ein Leben mehr ohne es vorstellen. Wir beide können uns kein Leben mehr ohneeinander vorstellen. Gemeinsam gehen wir daher durchs Leben. Tag für Tag. Unser Privatleben genießen wir ausgiebig miteinander.

Mein Haustier ist einfach mein allerbester Freund! Ihm kann ich alles erzählen. Es hört mir stets sehr aufmerksam zu und versteht mich immer. Es nimmt Anteil, steht mir bei und hält immer zu mir. Es meint es grundsätzlich ernst mit mir, liebt und respektiert mich sehr. Mein Haustier ist mein allergrößter Halt! Der Rückhalt meines Lebens! Mein Haustier ist die aufrichtigste, die liebevollste und die in-

nigste Beziehung meines Lebens! Die allerbeste Freundschaft meines Lebens! Und sogar: die allergrößte Liebe meines Lebens!
Mein Haustier ist einfach das Tier aller Tiere! Es schenkt mir die Freundschaft aller Freundschaften! Und liebt mich dazu auch noch so abgöttisch ...
Es stupst mich mit seinem niedlichen Stupsnäschen ganz sachte und liebevoll an. Es macht mir Mut und baut mich wieder auf, wenn ich mal ganz unten bin. Es meint es immer gut mit mir. Und ich natürlich auch mit ihm. Drum verwöhnen wir uns auch gegenseitig und lassen es uns so richtig gut gehen. Wir wollen schließlich nur das Beste für uns beide!
Wir verbringen viel Zeit gemeinsam miteinander. Wir vertrauen uns blind, verstehen uns supergut miteinander. Und haben auch sehr viel Spaß miteinander. Wir spielen und toben auch mal ausgelassen miteinander. Mein Haustier muntert mich so richtig auf und gibt mir Kraft, in der eher niederträchtigen Menschenwelt besser bestehen zu können.
Mein Haustier ist immer an meiner Seite, weicht niemals von mir ab. Es würde niemals von mir wegrennen und mich niemals im Stich lassen – im Unterschied, gar im Gegensatz zu dem ein oder anderen Menschen. Es bleibt einfach – allem zum Trotz – bei mir. Es ist einfach immer da, für mich da! Es passt gut auf mich auf, wacht stets über mich und würde mich jederzeit verteidigen und beschützen.
Mein Haustier ist mein ganzer Stolz! Denn mein Haustier ist der allerbeste Rückhalt, den ich in meinem Leben haben kann! Mein Haustier jedenfalls akzeptiert mich so, wie ich bin. Was andere Leute über mich sagen, interessiert es übrigens gar nicht. Denn es hat seine eigene, ganz eigene Meinung von mir! Es liebt mich so, wie ich bin. Es ist auch überzeugt von mir, dass ich ein guter Mensch und ein gutes Herrchen bzw. Frauchen bin. Also bin ich genau so richtig, wie ich bin!
Mein Haustier stärkt mich ungemein. Es gibt mir richtig Selbstwertgefühl. Es macht mich außerdem so richtig glücklich, total happy! Meine gute Laune und all meine guten Gefühle habe ich nämlich in allererster Linie meinem wundervollen Haustier zu verdanken. Es wirkt wahre Wunder! Es lässt mich, mich öffnen. Es lässt mich, ich sein ...
Mein kleiner tierischer Freund ist einfach großartig! Denn mein Haustier schafft es erstaunlicherweise immer wieder aufs Neue, mir wunderschöne Momente zu bereiten und mich mit positiven Gefühlen, mich mit Freude zu erfüllen. So schafft mein Haustier es sogar,

mich auf Dauer lockerer, entspannter und gelassener zu machen. Ich kann nach einem gestressten Tag – dank ihm – so richtig runterkommen und mich entspannen und die Welt viel gelassener betrachten.

Mein Haustier ist Balsam für meine von einigen bösen Menschen allzu sehr verletzte Seele. Es stärkt mich mit seiner liebevollen Zuwendung ungemein. Wir ergänzen uns ziemlich gut. Wir verstehen uns prächtig miteinander und harmonieren daher auch sehr gut miteinander. Wohlwollend lassen wir uns aufeinander ein. Unser gemeinsames Zusammensein fühlt sich daher nahezu immer wie ein richtiges Miteinander an – nicht wie ein Nebeneinander oder gar ein Gegeneinander, so wie das mit dem ein oder anderen Menschen der Fall ist. Es ist einfach ein sehr intensives Zusammensein und Miteinander mit meinem einzigartigen Haustier – so richtig hochemotional!

Mein Haustier und ich? Wir fühlen uns einfach tief miteinander verbunden. Wir fühlen uns sehr wohl, wenn wir beide miteinander zusammen sind. Auf mich wirkt das Zusammensein mit meinem Haustier daher ungemein entspannend und erholsam. Es tut mir richtig gut! Mit ihm kann ich recht gut von der nicht allzu guten Menschenwelt abschalten und alles um mich drumherum ausblenden.

Im Zusammensein mit meinem Haustier bin ich einfach nur auf mein Wohlgefühl fokussiert. Und natürlich auch auf das Wohlgefühl meines Lieblingstieres, meines Lieblingspartners, meines einzigartigen Haustieres. Mein Haustier scheint sich bei mir beziehungsweise während des Zusammenseins mit mir auf jeden Fall auch sehr wohlzufühlen. Was will ich mehr als so eine supergute Beziehung? Mein Haustier ist das Beste, was mir in meinem Leben passieren konnte! Es erwärmt mein Herz sehr und erfüllt mich mit großem Stolz!

Mein Haustier möchte sich jedenfalls eigentlich gar nicht mehr von mir trennen – auch nicht, wenn ich nur mal kurz aus der Wohnung gehen muss, um etwas zu erledigen. Es ist einfach vernarrt in mich und total anhänglich. Allerdings aber auch total abhängig von mir … Ich emotional aber auch von ihm! Wir sind einfach unzertrennlich. Denn es ist wahre Liebe!

Wir können uns daher zu Hause einfach gehen lassen und wir sein, wenn wir beide ungestört miteinander zusammen sind. Total verrückt sind wir nämlich nacheinander. Unter besten Freunden können wir sowieso einfach mal ganz verrückte Dinge tun und auch mal die Sau raus lassen. Das schweißt uns so richtig zusammen! Wie Pech und Schwefel halten wir zusammen und hüten unsere Geheimnisse gut. Wir sind auf einer Wellenlänge und passen einfach supergut zusammen. Und gehen daher gut und einander wohlwollend miteinander um. Offen und frei können wir miteinander umgehen, ganz ungezwungen. Wir erzwingen nichts von dem jeweils anderen und wollen einander auch nicht wehtun beziehungsweise nichts Böses. Wir erwirken auf freier Basis etwas miteinander und gehen beständig einen gemeinsamen, guten Weg miteinander. Durch dick und dünn gehen wir miteinander! Wir sind füreinander da und gehen würdevoll aufeinander ein. Ein liebevoller und anständiger Umgang ist für uns ein Mindestmaß an Selbstverständlichkeit.

Schließlich sind wir wie Seelenverwandte. Denn es ist nicht nur wahre Freundschaft, die uns miteinander verbindet – sondern auch wahre Liebe, die von Herzen kommt! Wir halten so richtig zusammen und stärken uns gegenseitig den Rücken. Wir sind immer füreinander da und gehen angemessen auf die Bedürfnisse des jeweils anderen ein – natürlich ein jeder auf seine spezielle Art und Weise. Natürlich passen wir auch gegenseitig gut auf uns auf.

Mein Haustier und ich? Wir sind ein supertolles Dream-Team! Uns trennt niemand voneinander, wir gehen niemals auseinander. Wir bleiben für immer zusammen! Weil ein jeder von uns den anderen über alles liebt und achtet!

Sollten wir uns vielleicht doch mal wider Erwarten auf den Keks gehen oder gar zoffen, versöhnen wir uns doch alsbald wieder. Schließlich sind wir doch allerbeste Freunde! Da hält man natürlich auch die etwas unschönen Macken des anderen aus. Wir halten uns aus, weil wir uns so akzeptieren und lieben, wie wir sind. Denn wir gehören einfach zusammen! Das ist ein Gefühl, das von tief innen herauskommt. Freundschaft ist nun mal Freundschaft! Da rüttelt nichts und niemand dran. Wir halten zusammen, weil wir zusammengehören!

Es ist ein einzigartiger Zusammenhalt mit meinem Haustier – ein Zusammenhalt von solch einer hohen Gütequalität, die mir in der reinen Menschenwelt unter Menschen nahezu unbekannt ist. Mein Haustier ist nämlich viel aufrichtiger und anständiger als die allermeisten Menschen – und vor allem eins: mir treu! Es stärkt mir stets den Rücken – insbesondere für meine anstrengenden Auftritte in der nicht so ganz koscheren, irgendwie komisch anmutenden Menschenwelt. Es macht mich mental richtig stark und verleiht mir die Kraft, viel mutiger und selbstbewusster aufzutreten und mich besser durchsetzen zu können. Mein Haustier entfaltet regelrecht therapeutische Wirkung und ersetzt jeden Psychotherapeuten und macht somit jede Psychotherapie überflüssig. Mit einem besten Freund an der Seite schafft man nun mal vieles leichter. Schließlich ist nicht die Körpergröße oder gar die Lebewesensart dieses speziellen kleinen Freundes entscheidend, sondern nur die großartige Intensität der Freundschaft, die uns beide miteinander innig verbindet.

Es gibt einfach keinen besseren und treueren Lebensbegleiter, stärkeren und clevereren Mentalcoach sowie herzlicheren und liebevolleren Seelentröster als mein einzigartiges Haustier!

Mein wundervolles Haustier und ich?

Wir sind einfach allerbeste Freunde!

Für immer!

Juliane Barth, Jahrgang 1982, lebt im Südwesten Deutschlands. Sie schreibt als Hobby seit jeher sehr gerne, u. a. Gedichte, Kurzgeschichten und Sachtexte. Veröffentlichungen in diversen Anthologien: https://sacrydecs.hpage.com.

Ein Buch geht um die Welt

Eine internationale Initiative von Papierfresserchens MTM-Verlag

Kinder auf der ganzen Welt vernetzen, sie zum Schreiben animieren und ihnen die Möglichkeit bieten, über ihr Leben, ihre Träume und Wünsche zu schreiben, das möchte die internationale Initiative „Ein Buch geht um die Welt" von Papierfresserchens MTM-Verlag erreichen.

Der Buchverlag mit Sitz am Bodensee in Deutschland hat aus diesem Grund einen Schreibwettbewerb zum Thema „Schulgeschichten 2.0" ins Leben gerufen, an dem sich noch bis zum 15. März 2024 Mädchen und Jungen im Alter zwischen 6 und 14 Jahren aus aller Welt mit ihren ganz kleinen oder auch umfangreicheren Märchen und Erzählungen, Gedichten, Haikus oder Erlebnisberichten beteiligen können. Auch Illustrationen dürfen eingereicht werden.

Der Schreibwettbewerb „Schulgeschichten 2.0" richtet sich natürlich zum einen an Kinder, deren Muttersprache Deutsch ist. Aber es haben sich in den zurückliegenden Jahren auch immer wieder junge Autorinnen und Autoren an den Schreibwettbewerben des Verlags beteiligt, die Deutsch als Fremdsprache erlernt haben. Weltweiten wurden Schulen deshalb zu diesem Wettbewerb eingeladen.

„Uns ist es wichtig", so Meier, „dass die Kinder Spaß am Schreiben haben. Und wir wissen, dass viele unendlich stolz sind, wenn sie ihren Text in einem gedruckten Buch finden."

Für 2024 sind weitere Schreibprojekte für Kinder geplant. Umfangreiche Informationen zu allen Projekten finden Interessierten unter

www.papierfresserchen.de

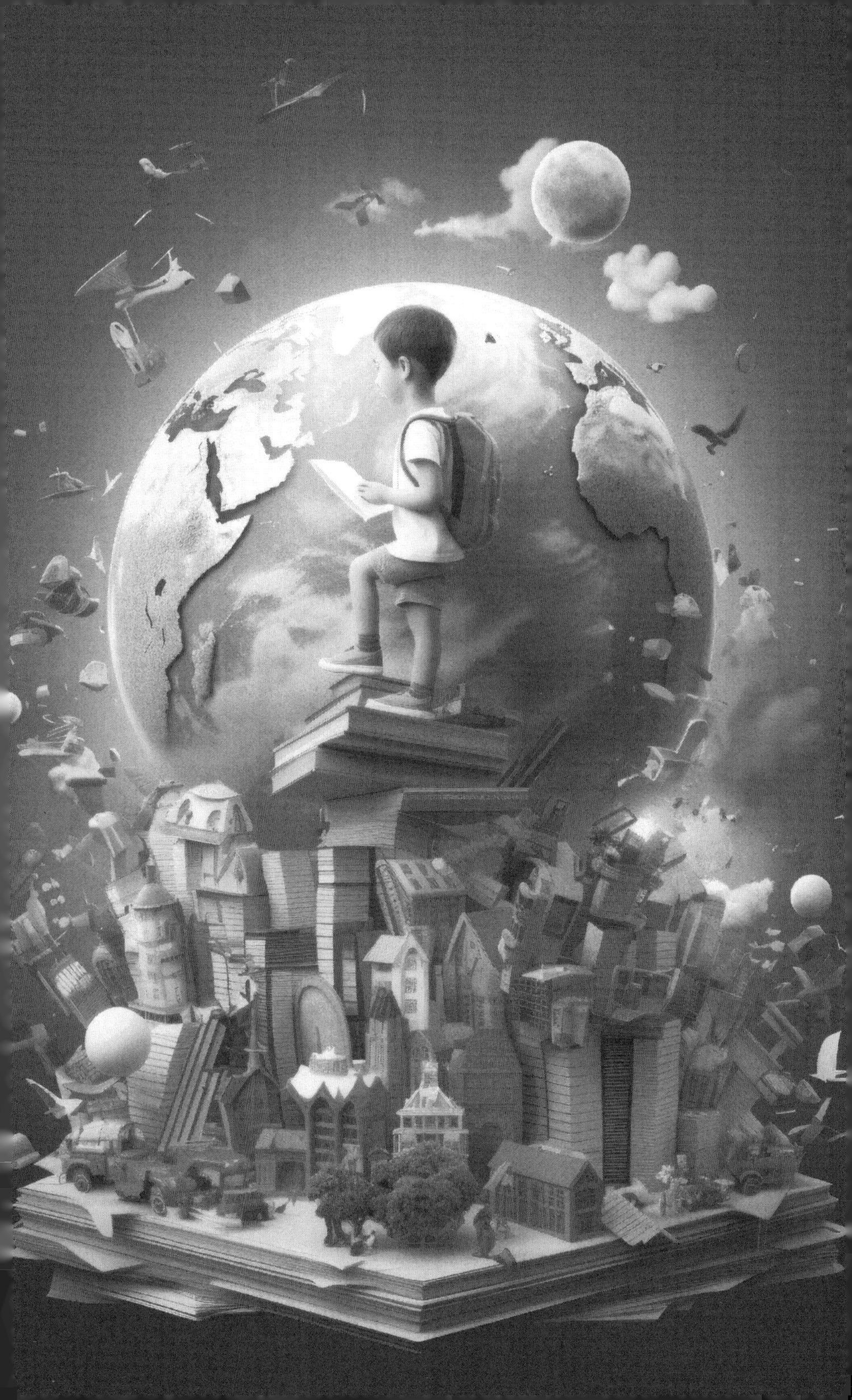

Mein Vater ... und ich

Im Band „Meine Mutter ... und ich" haben wir Erinnerungen an unsere Mütter gepflegt oder „Danke" gesagt, das möchten wir nun auch allen Vätern zuteilwerden lassen.

Auch das Anthologieprojekt „Mein Vater ... und ich – Erzählungen, Erinnerungen und Gedichte" lädt dazu ein, sich mit der Vater-Kind-Beziehung auseinanderzusetzen. Liebevoll oder kritisch, so wie eben die Beziehung ist oder war. Das Buch ist ein tolles Geschenk zum Vatertag, aber auch zu vielen anderen Gelegenheiten. Und es bietet die Möglichkeit, noch nie Gesagtes aufzuschreiben.

Einsendeschluss ist der 31. März 2024

Un Amore Italiano
Elba – Verbannung und Leidenschaft

Nach der vollkommen unerwarteten Trennung von meinem Mann, mit dem ich fast 20 Jahre verbunden war, wollte ich nur noch weg. Ihn vergessen. Die Tränen trocknen lassen. Eine Auszeit nehmen. Doch wohin sollte ich? Ich war seit Jahren nicht mehr allein in den Urlaub gefahren, also wollte ich auf keinen Fall dorthin, wo ich schon einmal mit Herbert gewesen war. Sehnsuchtsland Italien. Toskana. Ja, das wäre es. Ich nahm eine italienische Landkarte zur Hand, denn Italien hasste mein Verflossener. Dann ließ ich meinen Blick über Städte und Inseln schweifen. Rimini? Zu viel los. Venedig? Nur für Verliebte. Elba? War da nicht mal Napoleon gewesen? Verbannt? Ich musste lächeln – verbannt kam auch ich mir vor …

„Elba – Verbannung und Leidenschaft …" ist der 9. Band der Reihe „Un Amore Italiano" – Liebe, Mord und Eifersucht unter italienischer Sonne.

Einsendeschluss ist der 1. März 2024

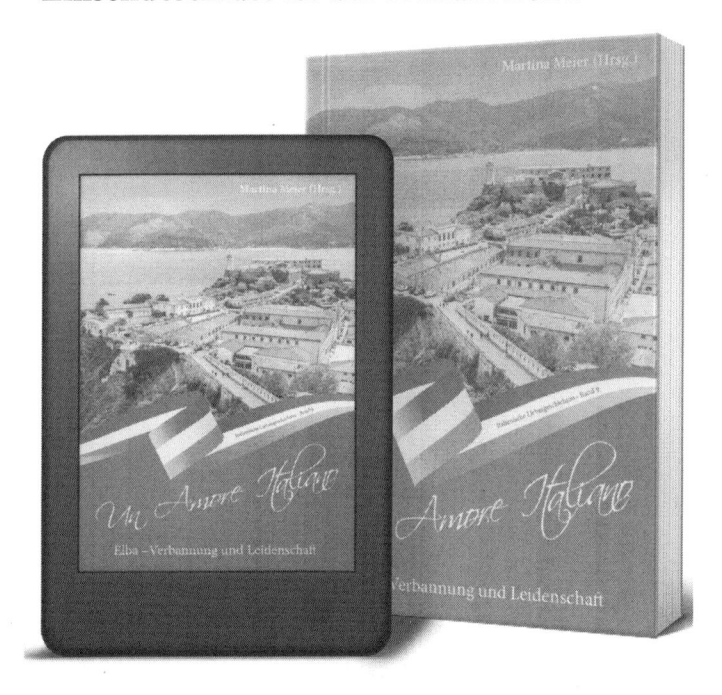

– Anzeige –

Ferienwohnung Drachennest

Feldkirch / Österreich

Ländlich idyllisch und dennoch stadtnah zentral in Feldkirch-Tosters gelegen, nur einen Steinwurf entfernt von der Schweizer und Liechtensteiner Grenze, finden Sie unsere Ferienwohnung Drachennest, den idealen Rückzugsort vom Alltag. Genießen Sie unsere wunderschöne Ferienregion Vorarlberg in Österreich abseits der Hektik der großen Touristikgebiete.

Brechen Sie zu einmaligen Wanderungen und Radtouren auf – entlang des Rheins zum Bodensee oder entlang der Ill mitten hinein in die Berglandschaft des Ländles. Gut ausgebaute Radwege ermöglichen ein stressfreies Radeln, auch für wenig trainierte Radfahrer, da es auf diesen Wegen nur sehr leichte Steigungen gibt.

Starten Sie die schönsten Motorradtouren in die Alpen direkt vor unserer Haustür. Gerne geben wir Ihnen Tipps für tolle Tagestouren, da wir selbst begeisterte Motorradfahrer sind.

Skifahren? Kein Problem? Erreichen Sie die schönsten Skigebiete Vorarlbergs bequem mit öffentlichen Verkehrsmitteln oder mit Ihrem eigenen Fahrzeug.

Gerne begrüßen wir Sie gemeinsam mit Ihrem Haustier in unserer schönen Ferienwohnung in Feldkirch-Tosters. Und sollten Sie an einem Buch schreiben, so stehen wir Ihnen auf Anfrage gerne hilfreich zur Seite.

Information und Buchung:

www.drachennest.at

– Anzeige –

CreATiv

Redaktions- und Literaturbüro - Pressearbeit seit 1989

Wir helfen Ihnen, Ihr Buchprojekt umzusetzen!

Kompetent und nach Ihren Wünschen

In den zurückliegenden Jahren haben wir für zahlreiche Autor*Innen sowie Institutionen, Schulen und Vereine private Buchprojekte umgesetzt, also Bücher, die nicht für den Buchhandel, sondern ausschließlich für den privaten Vertrieb oder Bedarf produziert wurden.

Wenn Sie Interesse haben, Ihre eigenen Geschichten einmal in einer Monografie zusammen gedruckt zu sehen – als Geschenk, für eine bestimmte Veranstaltung oder aber nur zur eigenen Freude, dann sprechen Sie uns an.

So können wir für Sie ein Taschenbuch mit bis zu 100 Seiten in schwarz-weiß mit einer Auflage ab 30 Exemplaren bearbeiten, layouten und drucken – der Preis pro Buch liegt bei 10,90 Euro (zzgl. Versandkosten). Preise für gebundene Bücher und Bücher mit mehr Seiten oder in Farbe auf Anfrage.

Unsere weiteren Literatur-Dienstleistung:
- Lektorat
- Buchsatz
- E-Book Erstellung
- Ghostwriting
- Mein Trauerbuch
- Biografiearbeit

Schreiben Sie uns!
cat@cat-creativ.at
CAT creativ - www.cat-creativ.at